읽고 바로 써먹는
부동산 경매 족보

돈 되는 물건만 낙찰받는
인생 역전 실전 경매

아파트, 건물, 토지,
상가, 농지연금까지

부동산 경매 족보

읽고 바로 써먹는

신동영(서촌의꿈) 지음

경이로움

프롤로그

경매 공부를 잘못하고 있다

2015년, 나는 경매 투자를 시작하며 큰 꿈을 가진 사람들을 많이 만났다. 우리 모두는 꿈을 이루기 위해 정말 열심히 달렸다. 물론 각자의 실력 차이는 있었지만 열정과 의욕만큼은 다들 넘쳤다. 그런데도 현재까지 경매를 한다고 말할 수 있는 사람은 나를 포함해서 2명 정도에 불과하다. 사람들이 꾸준하게 경매를 하지 못하는 이유는 무엇일까? 자금 사정 때문일 수도 있고 생업 때문에 시간이 부족해서일 수도 있다. 하지만 그중 가장 큰 이유는 경매에 대한 잘못된 접근과 인식이다.

경매를 시작하는 사람 대부분은 경매를 통해서 대박을 노리겠다는 의욕만 앞서있다. 그래서 본질을 놓치고 잘못된 공부를 한다. 이런 잘못된 공부를 바탕으로 한 경매 투자는 잘될 수 없다. 물론 일부는 적잖은 수익을 보기도 한다. 최근 몇 년간 이어진 유례없는 부동산 호황기 덕에 아무 물건이나 경매 투자를 해도 돈을 벌 수 있었기 때문이다. 하지만 이런 상승기가 앞으로 계속될 거라는 보장은 없다. 대출 금리는 과거에 비해 크게 올랐고 각 지역의 대장아파트마저 단기간에 큰 폭으로 하락했다. 서울과 수도권은 아파트를 중심으로 다시 반등하긴 했지만 상업용 및 지방 부동산 시장은 여전히 찬바람이 불고 있다. 이제는 운이 좋은, 시기만 맞으면 어떤 부동산을 사도 돈을 벌 수 있는 시대가 아니다.

경매물건이 먼저다

사람들이 잘못된 공부를 하는 이유는 시중에 나와 있는 책이나 유튜브를 비롯한 각종 콘텐츠 대다수가 경매의 본질을 놓치고 있기 때문이다. 경매란 결국 부동산을 싸게 사는 수단이라고 말하면서도 정작 권리분석 같은 기술적인 부분에 지나치게 집중하고 있다. 대부분의 경매 책은 권리분석이 어렵지 않다고 말하지만 권리분석에 할애하는 비중은 높다. 그렇다고 권리분석이나 이론이 필요 없다는 이야기는 아니다. 다만 이론 위주의 공부를 하는 것이 너무나 비효율적이라는 점은 분명하다. 비유하자면 경매는 오픈북 시험이다. 해당 분야의 전문 서적을 펼쳐볼 수 있고 인터넷 검색까지 허용되는 것이다. 수능처럼 각 분야의 머릿속 지식을 폭넓게 테스트하는 게 아니다. 만약 마음에 드는 상가가 나왔다면 상권 분석 사이트와 인터넷 지도를 펼쳐놓고 장단점을 파악할 수 있다. 좋은 대지를 발견하면 이곳에 건축이 가능한지, 필요한 절차는 무엇인지 관공서에 물어보면 된다. 괜찮은 아파트가 있는데 임차인이 거주 중이라면 해당 임차인이 선순위인지 아닌지 판단하는 방법만 찾아보면 되는 것이다. 이렇듯 경매는 사전에 이론 공부를 많이 해야만 할 수 있는 일이 아니라는 점을 잊지 말아야 한다.

이론보다는 경매물건이 먼저다. 물건을 꾸준히 보면서 다양한 사례를 처리해 본 경험담이나 낙찰 사례 중심의 책에 먼저 관심을 가져야 한다. 현재의 보편적인 공부 방식은 순서가 거꾸로 되어 있다. 특히 요즘은 경매정보사이트의 발달로 인해 물건의 가치를 판단할 수 있는 각종 정보를 매우 손쉽게 얻을 수 있다. 경매정보사이트는 초보자가 접근하기 위험한 물건에 대해서 사전에 알려주기도 한다.

잘된 공부는 무엇인가

잘된 경매 공부란 결국 돈을 버는 실전 전략을 배우고 익히는 것이다. 그리고 실전 전략이란 각 경매물건에 집중하며 다양한 사례를 공부해 내공을 쌓고, 이를 실전에서 응용하는 방식이다. 경매물건을 중심으로 실전 전략을 공부하는 방식은 매우 재미있다. 재미가 있으면 꾸준히 할 수 있다. 꾸준함은 물건을 보는 감각을 키우고 이는 곧 실력 향상으로 이어진다. 경매 실력이 향상된다는 것은 곧 수익이 커진다는 의미다.

지식보다 중요한 지혜

이 책은 실제 낙찰 사례를 중심으로 구성했다. 그렇다고 내가 직접 낙찰받은 물건만을 다루고 있는 것은 아니다. 나는 유치권, 선순위 가등기, 대지권 미등기 등의 특수물건 외에도 농지, 대지, 하천에 이르기까지 다양한 낙찰 경험이 있다. 하지만 아직 수익을 얻는 과정인 건도 있고 꼬마빌딩, 재건축, 분양권 등 일반매매 투자도 병행하느라 자금이 부족해 좋은 줄 알면서 놓친 경매물건도 많다. 물론 패찰도 많이 했다. 다만 나는 낙찰을 받지 못한 물건들도 그냥 흘려보내지 않았다.

과거에 관심물건으로 담아뒀거나 패찰했던 건이 나중에 어떻게 처리되었는지 꾸준히 모니터링을 한다. 혹시 낙찰 이후 제3자에게 매각되었다면 수익은 얼마나 발생했는지, 매각 시점은 언제인지 누가 매수했는지 등을 점검한다. 필요하면 시간이 흐른 뒤에 임장을 가보기도 한다. 그 과정에서 내가 미처 몰랐던 부분을 알게 되고 예상과 다른 부분을 확인하며 배워나간다. 이 책에는 지식보다는 지혜를 담고자 노력했다. 요즘은 인터넷과 SNS 그리고 유튜브의 발달로 지식이 차고 넘치는 시대다. 너도나도 지식으로 무장하려 하지만 그럴 필요 없다. 검색만으로 언제 어디서든 손쉽게 지식을 얻을 수 있기 때문이다. 게다가 인터넷에서 쉽게 찾을 수 없는 고난도의 지식은 돈 되는 데 별 도움이 안 되는 경우가 대부분이다.

정말로 필요한 것은 지혜다. 지혜의 사전적 의미는 '사물의 이치를 빨리 깨닫고 사물을 정확하게 처리하는 정신적 능력'이다. 경매로 돈버는 이치를 빨리 깨닫고 정확한 처리를 통해 수익을 높이려면 경매에 대한 지혜를 갖추는 게 더 중요하다. 그리고 지혜를 갖추려면 다양한 실전 사례, 성공 및 실패의 경험, 물건을 대하는 새로운 시야 그리고 다른 사람들과의 차별화를 위한 전략 등을 먼저 익혀야 한다. 이 책 역시 이러한 점들을 담아내고자 노력했다.

간절하고 전략적인 당신에게

경매에 입문한다는 건 그만큼 간절하다는 뜻이다. 경매에 대한 부정적 인식이 여전한 상황에서 그 허들을 뛰어넘으려 하는 것이기 때문이다. 남들보다 더 노력하는 것이자 동시에 전략적인 선택이기도 하다. 경매 초보든 아니든 간절하게 노력하는 사람들이 잘 되었으면 좋겠다. 경매라는 전략적 선택이 수익으로 이어져서 목표하는 바를 이루길 바란다. 투자의 신 워런 버핏은 기업의 실적을 담은 연차보고서를 보는 게 소설책을 보는 것보다 더 재밌다고 한다. 그에겐 투자가 일이기도 하겠지만 동시에 즐거움이었기에 수십 년간 투자의 세계에서 활약하고 있는 것이다.

나는 손흥민이 출전하는 축구 경기를 즐겨 보고, OTT로 드라마를 보는 것을 좋아한다. 하지만 경매가 더 좋고 심지어 더 재밌다. 경매 관심물건이 낙찰되었다는 경매 애플리케이션의 알람은 때론 설레기까지 한다. 이 물건을 누가 얼마에 샀는지, 과연 싸게 잘 산 것일지, 나중에 수익은 얼마나 날지 생각해 보는 게 너무나 재밌다. 실전 물건을 기반으로 한 전략 위주의 공부는 이토록 재밌다. 언제까지 재미없게 이론 공부를 할 것인가. 이제 잘못된 공부 방식을 버리자. 그리고 제대로 공부하자.

목차

프롤로그 경매 공부를 잘못하고 있다   4

1장
내 집 마련의 지름길, 주택과 아파트 경매

반값에 낙찰받는 방법 -서귀포 신축 빌라-   17
따라 하면 돈 되는 꿀팁 한꺼번에 쏟아지는 주택과 아파트 물건을 노리자   23
진상 채무자를 대하는 요령 -명도의 어려움-   27
따라 하면 돈 되는 꿀팁 경매 명도의 기술   39
임장의 중요성과 노하우   43
관심물건 추리하기 -분당 불허가 아파트-   49
성실하면 수익은 따라온다 -경주 아파트-   59
연예인 단독주택 경매로 본 신건의 가치 -연희동 주택-   66
따라 하면 돈 되는 꿀팁 인기 물건일수록 신건을 노리자   72
무피로 3,000만 원 벌기 -지방 아파트 공매-   75
규제도 피해 가는 경매의 위력 -은마아파트-   80
따라 하면 돈 되는 꿀팁 토지거래허가제를 피할 수 있는 경매의 장점   86
'서촌의꿈'의 조언 값진 경험이 아닌 돈 되는 경험을 하자   89

2장
인생을 바꾸는 한방 경매

평범한 물건 속 반전의 드라마 -녹번 꼬마빌딩-	95
한방에 월 1,000만 원 수익 -수원 원룸 건물-	106
신데렐라가 된 맹지 -울산 토지 1편-	116
신데렐라가 된 맹지 -울산 토지 2편-	126
'서촌의꿈'의 조언 자신이 잘하는 걸 하면 된다	130

3장
실패 없는 토지 경매

토지 경매 투자를 해야 하는 5가지 이유	137
1번 임장, 2년 보유, 3배 수익 -가평 토지-	140
평범한 농지로 돈 버는 간단한 방법 -경산 농지-	153
따라 하면 돈 되는 꿀팁 잘 정비된 농업진흥구역 농지가 기회다	159
플피로 하는 토지 투자 -동두천 토지-	162
'서촌의꿈'의 조언 경매를 효율적으로 시작하는 방법	167

4장

참 쉬운 특수물건 경매

유치권 아파트로 3배 수익 내기 -강동구 성내동 아파트-　173
선순위 가등기 물건으로 3억 원 벌기 -답십리 아파트-　190
4,000만 원으로 5개월 만에 6,000만 원 벌기 -분묘기지권-　198
1/7 가격 토지 매입기 -안동 지분 토지-　204
특수물건 공략의 3가지 핵심 사항　211
'서촌의꿈'의 조언 협상이 먼저, 소송은 최후의 수단　215

5장

반전의 상가 경매

비인기 상가의 반전 -시흥 지하상가-　223
단독주택이 상가로 탈바꿈 -이상순 카페의 시작-　232
6,000만 원으로 인서울 단지 내 상가 투자 -행당동 구축 아파트 상가-　242
전문가도 예상 못한 상가 경매 -재건축 단지 옆 1층 상가-　249
인서울 소액 상가로 고수익 내기 -동묘앞역 역세권 1층 상가-　257
따라 하면 돈 되는 꿀팁 소액으로 사무실용 소형 상가를 노리자　265
'서촌의꿈'의 조언 끝날 때까지 끝난 게 아니다　269

6장
경매의 꽃 농지연금

부모님 노후 대비, 이걸로 끝났다 -농지연금 낙찰기-	277
농지연금 기초 이해하기 -투자 수익-	282
농지연금 기초 이해하기 -자격-	287
농지연금 기초 이해하기 -기본 전략-	294
최적의 농지를 고르는 법 -경북 농지-	300
투자의 보루가 되는 농지연금 -양평 농지-	306
따라 하면 돈 되는 꿀팁 농지연금 최적화 전략: 저렴하게 낙찰받는 34%의 법칙	313
사람들이 잘 모르는 최고의 경매 앱 -밸류쇼핑-	316
'서촌의꿈'의 조언 월요일이 기다려지는 삶	321

7장
주택연금과 경매의 시너지

평생 살면서 연금도 받는 주택 연금 -개요 및 경매 전략-	327
경매로 하는 주택연금 재테크 -양평 전원주택 등-	331
'서촌의꿈'의 조언 함께하는 것이 가장 중요하다	339

에필로그 한 가지에 집중하자   341

1장

내 집 마련의 지름길, 주택과 아파트 경매

경매 투자의 시작을 주택 물건으로 하는 경우가 많다. 가장 안전하고 익숙하며 최악의 상황에도 전세나 월세를 활용해 길게 보유할 수 있기 때문이다. 다만 아파트 경매는 경쟁이 상대적으로 치열하다. 그러다 보니 인기 아파트 경매의 경우 낙찰가가 급매 혹은 시세에 근접하는 경우도 종종 생긴다. 투자하기 좋은 대상이지만 고수익을 올리기는 또 만만하지 않은 것이 주택 경매인 것이다. 1장에서는 주택 경매로 수익을 낸 실제 사례를 중심으로 기억해 둬야 할 핵심 노하우를 소개하고자 한다.

반값에 낙찰받는 방법
- 서귀포 신축 빌라 -

싸게 낙찰받는 게 정말 가능할까?

 경매를 하는 사람이라면 누구나 시세보다 훨씬 싸게 낙찰받기를 원한다. 한 번의 낙찰로 큰 수익을 올리려는 로망을 품기도 한다. 그러나 현실은 그리 만만하지 않다. 대박을 바라며 입찰을 하지만 어김없이 패찰. 욕심을 줄이고 줄여봐도 또다시 패찰. 이럴 바엔 경매보다 급매가 나을 것 같다며 경매계를 떠나는 사람이 적지 않다. 특히 주거용 물건에서 이러한 현상은 더욱 두드러진다. 매매 수요도 많은 편이고 전세나 월세로 돌릴 수 있는 등의 장점이 많다 보니 그만큼 경쟁이 치열하다.

그렇다면 경매에서 주거용 물건으로 대박을 노리는 건 어리석은 일일까? 특히 자본금이 적다면 더욱 고민스러울 것이다. 결론부터 말하자면 경매에서 주거용 물건으로 대박이 날 수 있다. 2022년 화제가 되었던 제주 서귀포 빌라 낙찰 사례에서 그 해법을 찾아보자.

○ 경매물건 조회 화면

관련물건 번호	←	21 종결	22 종결	23 종결	24 종결
소재지	제주 서귀포시 안덕면 (63533)제주 서귀포시 안덕면					
경매구분	강제경매		채권자		동00000
용도	연립		채무/소유자		한00000
감정가	378,000,000 (20.09.15)		청구액		384,400,000
최저가	129,654,000 (34%)		토지면적		132.2㎡ (40.0평)
입찰보증금	12,965,400 (10%)		건물면적		85㎡ (25.7평)

출처: 지지옥션

제주의 한 마을에서 한꺼번에 24개의 주택물건이 경매에 나왔다. 하나의 사건 번호에 물건번호가 자그마치 24개. 산과 바다가 어우러진 따뜻한 서귀포 안덕면의 신축 빌라 24개가 동시에 경매에 나온 것이다. 그 이름은 '대평 아르테라스'. 총 24건 중 바다 전망이 보이거나 서비스 면적이 넓은 4건은 2회차(최저가 70%)에 70~81% 수준으로 낙찰되었다. 전망이나 서비스 면적이 상대적으로 나쁜 20건은 3회차(최저가 49%)까지 떨어졌다.

경매의 결과

○ **경매물건 조회 화면**

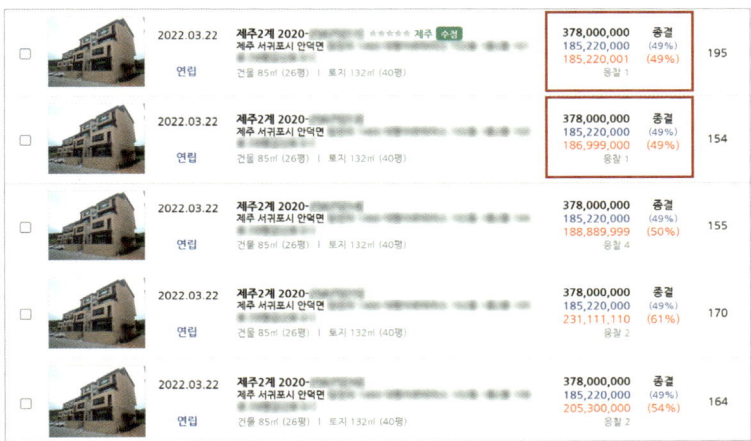

출처: 지지옥션

　3회차 매각 기일(2022년 3월 22일)에 20건의 빌라는 낙찰가율 49~68% 수준으로 대부분 낙찰되었다. 낙찰가는 1억 8,500만~2억 5,700만 원 정도였다. 감정가가 3억 8,000만 원 수준이었음을 고려하면 매우 좋은 금액으로 낙찰받은 것을 알 수 있다.

　가장 눈에 띄는 낙찰 건은 최저가(49%) 수준에서 단독 낙찰된 2건이었다. 한 물건은 최저 매각 가격보다 1원 더 쓴 1억 8,522만

1원에 낙찰되었다.

당시는 제주 부동산 경기가 괜찮았던 때다. 제주의 신축 빌라는 한 달 살기 등 임대 수요도 많았다. 또 아파트 공급이 제주의 시골까지 미치지는 못하기에 현지인들의 실거주 수요도 있다. 그러다 보니 제주의 신축 빌라는 70~80% 이하로는 낙찰받기 어려웠다. 그런 가운데 49%에 낙찰을 받은 것은 꽤나 이례적이었다.

낙찰 비법

물건에 중대한 하자가 있었던 것도 아닌데 어떻게 감정가의 반값에 낙찰받았을까? 그 비법은 '못난이 물건 찔러보기'였다. 20개의 물건 중 바다 전망이 없거나 서비스 면적이 거의 없는 하급 물건에 입찰하면서 동시에 아니면 말고 식의 낮은 금액을 쓴 것이다. 일종의 틈새 전략이었다.

기록적인 낙찰을 받은 사람 중에는 여러 건을 입찰한 사람도 있었던 것으로 보인다. 같은 동 서로 다른 호수의 3위 입찰 금액이 똑같았기 때문이다. 이러한 입찰 전략은 평범해 보이지만 수요와 공급에 따른 매우 영리한 전략이다. 경쟁자들이 상급 물건을 노릴 때 다른 선택을 해 경쟁을 피한 것이다. 물론 이런 전략이 늘 통하는 것은 아니다. 만약 동시에 24건이 아니라 한두 건 정도만 나왔다면 분명 패찰했을 전략이다. 압도적 물량이 특정 지역에 갑자기 쏟아졌기에 가능한 전략이었다.

◦ **경매물건 전경**

출처: 지지옥션

낙찰 이후

　반값에 낙찰되었던 그 물건은 잔금 납부일인 2022년 4월 21일부터 불과 2개월 뒤인 2022년 6월 21일에 부부로 보이는 이들에게 2억 8,000만 원에 매각되었다. 2개월 만에 거둔 수익은 세전 약 9,500만 원이다. 참고로 이 빌라 단지의 월세는 보증금 1,000만 원에 월 160만 원까지 실거래된 바 있다.

경험을 쌓는다는 이유로 수익성이 낮은 물건을 무리하게 낙찰받을 필요는 없다. 권리분석을 완벽히 몰라도 좋은 물건을 만날 기회는 많기 때문이다. 실전 경험을 꾸준히 쌓으면서 좋은 물건을 찾으면 된다.

한꺼번에 쏟아지는 주택과 아파트 물건을 노리자

'대평 아르테라스' 같은 사례는 생각보다 자주 나온다. 수도권의 아파트도 한 단지에 수십 개가 나오는 경우가 있다. 2024년 12월에 매각된 인천 '계양효성해링턴플레이스'도 아파트 29개가 한꺼번에 나왔다. 낙찰가율은 70~88%까지 다양하게 형성되었는데 최저가(70%) 수준에 단독 낙찰된 건이 많았다. 비슷한 시기 같은 지역의 다른 아파트 낙찰가율이 86~94% 정도였던 것을 고려하면 아주 좋은 낙찰가였다고 할 수 있다.

○ 경매물건 조회 화면

팁 & 유의 사항

1. 경매 공고를 유심히 보자

한꺼번에 여러 물건이 나오는 경우, 시공사와 건축주의 갈등이 깊은 경우가 있다. 그로 인해 유치권이 신고되거나 대지권이 없는 등 위험 요소가 발생하기도 한다. 따라서 경매 공고를 유심히 살펴야 한다.

2. 공매도 함께 노리자

건축 후에 분양이 되지 않아 세금을 체납하고 그로 인해 공매로 나오는 경우도 많다. 지방의 빌라 단지들이 특히 이런 경우가 많아서 경매정보사이트를 통해 공매 매물도 함께 검토하면 좋다.

3. 수요 파악을 철저히 하자

수요는 충분하지만 시공사와 건축주의 갈등으로 경매까지 나온 경우가 있다. 하지만 대게의 경우에는 시장에서 선택을 받지 못한 물건일 가능성이 크다. 따라서 싸게 매입하는 것만으로 끝이 아니라 내가 낙찰받은 물건이 충분히 팔릴 만한 상황인지 수요 파악을 철저히 해야 한다.

4. 경매까지 나오게 된 이유를 파악하자

임장 시 인근 부동산중개사무소 등을 통해 경매까지 나오게 된 사정을 파악해야 한다. 또한 온라인 손품을 통해서는 알 수 없었던 정보를 파악해야 한다. 수요는 충분하지만 내부 분쟁 때문에 경매에 나오게 된 것인지 아니면 가격 경쟁력이 없었던 것인지에 따라 입찰할지 말지 혹은 얼마로 입찰할지를 결정해야 한다.

5. 매도 계획을 정확하게 세우자

아주 저렴하게 낙찰받은 뒤, 다른 물건들이 시장에 풀리기 전에 빠르게 단기 매도를 할지, 혹은 전세를 주고 2년 이상 기다리면서 시세 상승을 노릴지 계획을 세워야 한다. 본인의 자금 사정과 해당 물건 및 지역 상황을 고려한 매도 계획이 필요하다. 매매 사업자를 활용해 여러 건을 낙찰받은 뒤 단기 매도를 노리는 것도 충분히 고려해 볼 만한 전략이다.

진상 채무자를 대하는 요령
- 명도의 어려움 -

경매 초보들은 특히 명도•를 어려워하는 경우가 많다. 모르는 사람을 대상으로 협상, 설득, 회유 및 압박을 해야 하는 것에 대한 부담이 크기 때문이다. 사실 명도에 정답은 없다. 어느 정도 대중화된 명도의 기술들도 일종의 원칙론일 뿐 현실에 그대로 적용하기 어려운 경우가 많다. 상대가 다르고 상황이 다르며 각자가 가진 내공이 다르기 때문이다. 나에게도 명도가 그리 쉽지는 않다. 대게는 명도랄 것도 없이 전화 몇 번에 끝나지만, 가끔 소위 진상

• 경매 낙찰자가 기존 점유자를 내보내고 인도받는 절차를 말한다.

을 만나면 부담이 느껴지는 것도 사실이다.

지금부터는 내가 직접 겪어본 최악의 명도 사례를 가감 없이 소개하고자 한다. 잘된 명도 사례를 공부하는 것도 도움이 되지만 사실 그런 것들은 다른 책에도 많이 나와 있다. 오히려 다소 부족하고 좌충우돌했던 사례를 통해서 반면교사 삼아보는 것도 필요하다. 다음에 나올 사례는 인터넷 커뮤니티 등에 올렸던 글을 편집했음을 밝힌다.

인생은 실전

몇 년 전, 300만 원 정도 차이로 아파트 하나를 낙찰받았다. 일종의 특수물건이었다. 해당 물건지를 방문했으나 점유자를 만나지 못했다. 그래서 '명도와 관련해 협의하고 싶다'라는 취지가 담긴 쪽지를 출입문에 부착해 뒀다. 그날 밤, 채무자의 아내로 추정되는 사람에게서 전화가 왔다. 경매 진행 상황에 대해 전혀 모르고 있었던 것 같았다. 쪽지를 보고 다소 당황스러워하길래 측은지심이 발동했다.

"우리 나쁜 사람 아닙니다. 협조 잘해주시면 이사비도 드릴게요."라고 말했다. 그렇게 전화가 끝나고 명도가 계획대로 진행될 것 같은 기분이 들었다. 하지만 잠시 뒤 낯선 남자에게 전화가 왔고 요지는 다음과 같았다.

"우린 나가긴 나갈 거지만, 항고*를 통해 할 수 있는 한 최대한 버틸 겁니다."

경매 절차에 대해 잘 알고 있는 것 같다는 느낌이 들었다. 처음에는 남편(채무자)이라고 생각했는데, 나중에 알고 보니 이 사람은 컨설팅 업체 직원이었다. 경매공고가 나면 각종 컨설팅 업체에서 이런 식으로 채무자를 도와주는 척 돈을 챙긴다. 한편으로는 살던 집에서 쫓겨나다시피 해야 하는 채무자의 심정이 이해된다. 하지만 결국은 경제적으로 힘든 채무자에게 더욱 경제적인 부담을 주는 이런 컨설팅 업체의 영업 방식은 영 불편하다.

컨설팅 업체 직원과 이야기하고 싶지는 않았다. 미리 열람했던 은행 대출 서류에서 확인한 채무자의 전화번호로 전화해야겠다고 판단했다. 다만 나는 급한 다른 일들이 많아서 지인에게 채무자와의 명도 협상을 맡겼다. 경매 경험이 적지 않은 여성이었다. 부드러운 목소리의 여성이 채무자를 상대하는 게 내가 상대하는 것보다 나을 것 같다는 판단에서였다. 그리곤 잠시 뒤 대신 전화를 부탁했던 지인에게 전화가 왔다. 채무자와의 통화를 부탁한 지 얼마간 시간이 지나지도 않았는데 무언가 잘못되었다는 느낌이 뇌리를 스쳤다.

"이×× 완전 ×××, 아놔 ××××"

---

* '결정'이나 '명령'에 대한 상소를 말한다. 이 경우는 경매 매각결정에 대해 채무자가 불복해 상급법원에 일종의 제2심을 제기하는 것을 말한다.

채무자를 거칠게 비난하는 지인의 목소리엔 흥분이 가득했다. 내용인즉슨, 채무자에게 좋게 타이르는 의미로 아이도 있으신 데 강제집행하고 그러는 것보다 좋게 좋게 명도 협의를 하자는 취지로 말했다고 했다. 그런데 이 말을 들은 채무자가 급격하게 흥분하며 쌍욕과 함께 칼침 어쩌고 하는 협박을 했다는 것이다. 흥분한 지인도 목소리를 높이고 욕을 했다고 한다. 시작부터 단단히 꼬였다.

꼬인 실타래를 어떻게 풀지 고민하다가 good cop bad cop(당근과 채찍) 전략으로 나가기로 했다. 일단 상대가 화가 난 상태이므로 내가 경매회사 직원인 척 달래보기로 했다.

"안녕하세요, 선생님. ○○님 되시죠? ○○아파트 낙찰받은 회사 직원인데요, 잠깐 통화 가능하실까요?"

대화를 시작했고 상대의 말을 최대한 들어주었다. 그리고 이런 말도 곁들였다.

"그러게요. 저희 사장님이 좀 성격이 급하셔서 말씀을 그렇게 하셨나 보네요."

처음 통화했던 지인을 경매회사의 성격 나쁜 사장인 것처럼 말하며 채무자와 함께 흉을 봐줬다. 이후 많이 어르고 달래자 격양되었던 상대는 많이 수그러드는 듯했다. 결국 채무자는 "망한 집에서 버티고 싶은 마음은 나도 없다. 나갈 거다. 다만 이사 갈 집을 구할 시간과 돈 문제로 인해 여의치 않은 것뿐이다. 나가지 말래도 나갈 거다. 컨설팅 업체에서 말하길 석 달은 버틸 수 있다더

라. 하지만 나는 그렇게까지는 필요 없다. 약간의 시간만 달라. 시간을 벌기 위해 항고를 하려는 거다"라고 했다. 어차피 기각될 항고를 하느라 컨설팅 업체에 비용을 주느니 우리랑 잘 협상하면 될 걸 왜 저럴까 하는 생각이 들었다. 하지만 그래도 길어야 20일 정도 시간을 벌 수 있을 뿐 결국 항고는 기각될 수밖에 없기에 잘 달래면 일이 수월하게 풀리겠다는 희망이 보이는 순간이었다. 내심 쌍욕과 협박을 일삼는 사람을 전화 한 통으로 누그러뜨리는 데 성공한 나를 보며 '명도 뭐 별거 없네'라는 오만한 생각도 했다. 그러나 역시 인생은 실전. 명도가 잘 될 거라는 내 생각이 틀렸음을 알게 되는 데 그리 오랜 시간이 걸리지 않았다.

채무자가 부질없는 항고로 시간을 버는 동안 될 수 있으면 강제집행은 피하고자 전화로 협상을 시도했다. 협상 초기부터 온갖 잡스러운 협박이 있었지만, 그중에서 가장 핵심은 "강제집행할 테면 해라. 근데 만약 그렇게 되면 내부를 찢어발기겠다. 아마 수리비가 아주 많이 들 거다."라는 것이었다.

나도 너무 화가 났지만 여러 가지 현실적인 문제로 인해 어느 정도 타협을 시도했다. 명도 과정에서 협박성 발언은 종종 마주치는 일이고, 설령 강제집행을 시도해도 일정한 시간은 소요되는 점을 고려해서 적당한 합의점을 찾으려 한 것이다.

결국, 여러 차례의 통화 끝에 '아이의 방학이 끝날 때까지 거주하게 해주는 대신 공인중개사를 통한 매매 등에 협조하고, 나갈 때 관리비를 정산하며, 이사비를 비롯한 어떠한 금전적 요구도

하지 않는다'라는 내용으로 합의했다. 그리고 집 내부를 보여주는 조건도 추가했다. 사전에 채무자와 약속을 잡고 방문한 물건지 아파트의 상태는 생각보다 깨끗하고 조망도 좋았다. 채무자는 인테리어에 대해 장황하게 설명했으나, 오히려 안 하느니만 못한 시대에 뒤떨어진 인테리어였다. 혹시 상대가 내부를 훼손할 것에 대비해 구석구석 열심히 봐뒀다. 채무자는 사진을 찍어도 되냐는 나의 요구를 거절했다. 하지만 아파트 내부로 들어가기 전부터 휴대폰으로 몰래 동영상을 촬영했다. 만약을 대비한 보험 같은 것이었다.

채무자는 명도 약속 이행에 관해 의심을 품는 나에게 말했다.

"망한 집에서 1분 1초도 더 살고 싶지 않다. 아이를 방학 때 전학시키기 위해 불가피하게 있는 것뿐이다."

사실 채무자의 말은 이 순간을 모면하기 위한 것처럼 보이기도 했고 100% 신뢰할 수도 없었다. 그러나 언제나 합의를 우선하는 게 나의 원칙이었기에 최대한 상대의 주장을 수용했다. 부동산에 집을 내놓아도 보러오는 사람이 없어서 약간 애태우던 7월 20일경, 나가기로 한 7월 말을 약 일주일 정도 남겨둔 시점에 그는 역시나 태도를 변경하고 약속을 어기기에 이른다. 아이의 방학이 종료하는 8월 20일까지 살 수 있게 해달라는 것이었다.

이 정도 되는 상황에선 감정적으로도 상대의 요구를 들어주기 어려웠지만 또 속을 것을 알면서도 속아주기로 했다. 그 이유는 지역적인 요인 등으로 인해 임대 및 매매 수요가 없는 상황이라

30일 정도 명도가 늦어진다고 하더라도 별로 달라지는 게 없었기 때문이었다. 굳이 대립하면서 감정을 소모하기보다는 요구를 들어주는 게 나을 것 같다는 판단도 있었다. 하지만 약속한 이사 날짜가 다가오자 채무자는 이젠 좀 식상하기까지 한 태세 전환을 또 보여줬다.

"이사하고 싶어도 이사할 돈이 없다. 이사비를 줘라."

원하는 날짜까지 살게 해주는 대신 이사비는 없는 것으로 합의했건만 예상된 패턴에서 조금도 벗어나지 않는 그런 태도였다. 혹시나 하는 기대를 걸었던 스스로가 한심해지는 순간이었다. 명도 과정에서 높은 언성과 협박을 들어도 같이 흥분하지 않고 반말과 욕설 없이 대하자는 원칙이 있었는데 이 순간만큼은 나도 화가 나서 "부끄러운 줄 알라."라고 소리쳤다.

결국, 내용증명 발송 및 강제집행을 신청하고 더는 상대의 유선 연락을 받지 않았다. 내용증명의 주요 내용은 만약 기존의 협박 내용대로 내부를 훼손할 경우 모든 법적 조치를 마련해 끝까지 가겠다는 것이었다. 내가 전화를 받지 않자 다른 전화로 몇 번 연락을 해왔다. 하지만 약속을 지키라고만 하고 별다른 응대는 하지 않았다. 상대는 결국 누가 손해를 더 보는지 두고 보자는 말을 반복했다. 그러던 중 8월 20일경에 갑자기 채무자로부터 누그러진 목소리로 전화가 왔다.

"그냥 나가겠다. 미안하다."

'이건 무슨 거짓 전술이지?' 하는 의심부터 들었다. 알고 보니 새로 이사 갈 집으로 주요 짐들을 몰래 빼던 중에 아파트 관리실에서 차량 이동을 막은 것이었다. 사전에 관리비를 정산하지 않고는 절대 이사하지 못하게 막아야 하고, 만약 이사를 막지 않으면 낙찰자인 우리는 한 푼의 미납 관리비도 낼 수 없다고 아파트 관리실에 당부해 둔 것이 먹혔다.

나는 이사 차량이 아파트를 빠져나가지 못하고 있는 현장으로 출동했다. 채무자와 실랑이를 벌인 끝에 이사할 수 있게 해주면 미납 관리비의 절반가량인 40만 원을 갚고 나머지 짐은 수일 내로 빼는 것으로 현장에서 합의가 되었다. 하지만 약속한 날이 되자 그는 또다시 이사비가 없다고 버티며 금전을 요구했고 결국 잔여 관리비 40만 원을 우리가 갚고 이틀 뒤 이사 완료 시점에 이사비 명목으로 100만 원을 주기로 합의하면서 명도는 어느 정도 완료가 되었다. 나중에 알고 보니 상대방은 쓸모없는 짐은 아파트에 두고 필요한 짐만 몰래 빼간 다음 최대한 버티며 우리를 압박하는 술수를 쓰려다가 중간에 스텝이 꼬였던 것이었다.

끝나지 않은 진상짓

채무자의 진상짓은 이것이 끝이 아니었다. 이사비를 받기 위해 부랴부랴 짐을 빼면서 쓰레기와 폐가구를 아파트 후문 쪽에 버려두고 가버렸다. 말 그대로 진상의 끝을 보여준 것이었다. 어쩔 수 없이 10만 원어치 폐기물 스티커를 직접 붙여서 처리해야 했다.

◦ 버려두고 간 물건들과 청소를 도와준 지인들

청소, 청소, 청소

길고 길었던 명도를 마무리하고 주말에 지인들과 청소에 나섰다. 내부 상태는 예상했던 대로 최악이었다. 이곳이 이사를 하고 짐이 빠진 곳이 맞는가 싶은 정도의 상태였다. 채무자는 심지어 아이의 사진도 버리고 갔다. 싱크대에는 구더기까지 있었고 집안 전체에 악취가 났으며 곳곳에 개털이 굴러다녔다. 그릇에 담긴 오래된 담배꽁초들까지. 정말 최악으로 더러운 상태였다. 대형 아파트다 보니 청소도 정말 오래 걸렸다. 난 경매를 하면서 직접 수리를 하거나 청소하는 것을 선호하지 않기 때문에 이 현장 역시 청소업체를 통해 해결하려고 했다. 하지만 당시 경매 공부를 함께 하던 지인들이 기꺼이 도와주겠다고 해서 직접 청소를 하게 되었다. 대신 소고기를 사주겠노라 이야기했지만, 청소하면 할수록 미안한 마음이 가득했다. 집안 곳곳에 널브러져 있는 쓰레기가 100L 쓰레기봉투로 10개나 나왔다. 쓰레기를 치운 자리는 준비해 온 청소기로 깨끗하게 청소했다. 성인 4명이 4시간 정도 쉬지 않고 청소를 하고 나니 어느 정도 청소가 마무리되었다. 바닥을 깨끗하게 닦으니 악취도 대부분 사라졌다.

○ **청소 현장 사진**

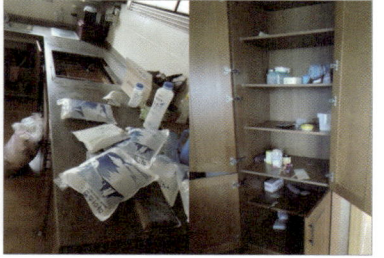

◦ 청소 완료 후 깨끗해진 모습

복기를 통해 배운 것

 돌이켜보면, 처음부터 법과 절차대로 강하게 나가는 게 더 효율적이었겠다 하는 이런저런 아쉬움이 많이 남는다. 하지만 빠른 명도를 했다고 하더라도 임대 및 매매가 쉽지 않은 상황이었던 점을 생각하면 결과적으로는 그리 나쁘지만은 않은 명도였다. 결론적으로 내가 실수한 점을 복기해 보자면 첫 번째는 협상과 동시에 강제집행 신청을 해야 했다는 점이다. 당시에 그 사실을 몰랐던 것은 아니지만 좋게 좋게 해결하려다 일이 꼬였다.

 두 번째는 명도 협상 초반에 상대의 감정을 건드린 것이 문제였다. 어떤 순간에도 정중하고 사무적인 태도를 유지해야 했는데 자녀 이야기를 먼저 꺼내면서 상대의 자존심을 상하게 했고 감정적으로 대응을 해 명도를 시작부터 꼬이게 했다.

세 번째는 부동산 시장 상황을 너무 신경 쓴 것이다. 명도 협상을 길게 가져간 배경에는 당시 전세나 매매 수요가 없던 영향이 컸다. 일찍 명도가 완료되어도 어차피 공실이 일정 기간 지속될 거라는 생각에 너무 여유를 부렸다. 결과적으로 보면 이런저런 변수가 발생하지 않도록 명도를 서두르는 게 필요했다.

이 내용을 경매 관련 인터넷 커뮤니티에 썼던 때만 해도 내 명도 방식이 잘못되었다고 생각했다. 하지만 시간이 지나 다시 생각해 보니 크게 나쁘지 않았다는 생각도 든다. 협상을 오래 해서 피곤했던 것은 있지만 이사비 등으로 지급한 비용이 강제집행을 하는 비용보다 훨씬 적게 들었고, 어린아이가 있는 집에 강제집행을 하는 것은 피했기 때문이다. 특히 강제집행을 하거나 계고*하는 과정에서 종종 생기는 물리적 충돌이나 분쟁 없이 결과적으로는 협상으로 풀어낸 것이기 때문이다. 깔끔한 100점짜리 명도는 아니었지만 원래 계획했던 바와 크게 벗어나지 않는 선에서 마무리된 것이라고 볼 수 있다.

---

* 일정한 기간 안에 행정상의 의무를 이행하지 않을 경우에, 강제집행 한다는 내용을 문서로 알리는 일이다.

경매 명도의 기술

따라 하면 돈 되는 꿀팁

시중에는 명도의 기술이라는 이름으로 돌아다니는 명도 관련 팁들이 있다. 하지만 이를 그대로 따르기는 무리가 있다. 사람과 물건마다 성향이 다르기 때문에 똑같은 상황이란 있을 수 없다. 그렇기에 경매 초보가 갖는 불안한 마음은 충분히 이해할 수 있다. 하지만 조금만 부딪쳐보면 생각보다 별것 없는 게 명도이기도 하다. 세부적인 기술을 하나하나 익히는 것보다는 큰 원칙 아래에서 유연하게 대응하는 게 중요하다. 명도 절차와 마음가짐에 대해 잘 정리한 글이 있어 소개하고자 한다. 다음은 초보를 위한 경매 오픈 톡방을 운영 중인 경매 고수 '쏠비알'님의 글을 다듬은 것이다.

명도 과정이 어려운 것은 일반적인 부동산 매매와는 다른 특성 때문이다. 대부분 타인과 조율 과정에서 생기는 감정적인 부분이 가장 어렵다. 준비한 대로 되지 않으면 힘들어지고 나름대로 많이 양보했는데도 이를 몰라주는 상대 때문에 힘들어지기도 한다. 그러다 갈등이 생기면 큰 스트레스가 되고 정해 놓은 시간을 초과하게 되면 또 심리적·비용적 소모가 생긴다. 그리고 명도 비용을 너무 낮게 잡으면 협상이 어려워진다.

결국 명도를 하면서 스트레스를 받지 않으려면 위 내용과 정반대로 하면 된다. ① 처음부터 명도 비용을 여유 있게 잡고, ② 상대의 입장과 기준에서 생각하며 의도를 파악하려 노력하고, ③ 차갑지도 뜨겁지도 않게 유연하게 대응하고, ④ 최대한 협의를 진행하되 인도명령 등 법적 절차는 절차대로 진행해 명도 기간이 너무 늘어지지 않게 해야 한다.

단계별 명도 절차

1. 낙찰 후 잔금 납부 전

개인적으로는 낙찰 후 매각허가 결정 전 서류 열람을 통해 점유자를 만나거나 통화라도 하는 편이다. 명도의 시작이 빠를수록 마무리가 빨리 되는 경우가 많기 때문이다. 운이 좋으면 잔금 납부와 동시에 임대를 놓을 수도 있다. 대화 시에 굳이 내 말을 많이 하지 않는 게 좋다. 특히 주의해야 할 것은 감정에 휩쓸리지 않는 것이다. 일단 상대의 말을 경청하는 데 중점을 두고 중요한 이야기는 내용증명이나 문자로 하는 게 좋다.

2. 잔금 납부 후

잔금을 내면서 인도명령 신청은 반드시 하는 게 좋다. 명도가 수월하지 않다면 다시 한번 내용증명을 추가로 보내도 좋지만, 그렇다고 인도명령 절차를 늦춰서는 안 된다.

강제집행 신청 진행 시간이 오래 걸리기 때문에 그 과정에서도 충분히 대화와 합의를 할 수 있고, 집행관이 계고 집행까지 하게 되면 아무리 거부하는 사람이라 하더라도 거의 명도의 90% 이상은 이 선에서 해결된다. 이렇게 기계적인 절차가 진행되면서 협상의 종결 시점이 임박하고 있음을 알려줘야 한다. 그럼에도 불구하고 강제집행을 해야 하는 점유자라면 당연히 강제집행을 해야 하고, 처음부터 이러한 기계적인 절차를 진행하지 않았다면 그 과정의 시간과 감정 소모가 클 것이기에 자신의 일정을 잘 짜고 이행하는 게 중요하다. 결국 성공적인 명도를 위한 기본 원칙은 다음과 같다.

> 협상은 진행하되 절차는 기계적으로 한다.
> 협의는 진행하되 감정은 접어둔다.
> 상대의 말은 듣고, 나의 의견은 문서로 한다.

이러한 기본적인 규칙은 일반물건뿐만 아니라 모든 물건에 해당한다. 특수물건도 과정에 몇 개의 추가 단계가 있을지언정 큰 틀은 거의 비슷하다. 우리는 돈을 벌려고 경매하는 것이지 싸우려고 경매하는 것이 아니다. 조금은 여유를 갖고 즐기는 경매를 할 필요가 있다.

임장의 중요성과 노하우

　임장이란 '현장에 임한다(나온다)'라는 뜻이다. 보통 '임장한다'라고 하면 부동산을 사려고 할 때 직접 해당 지역에 가서 탐방하는 것을 말한다. 발품을 파는 것과 뜻이 유사하다.

임장을 통해 얻은 소중한 정보들

　임장은 결국 정보를 얻는 게 포인트다. 현장에서 눈으로 얻는 정보도 중요하지만 돈이 되는 정보는 사람에게서 나오는 경우가 많다. 옆집 사람이든 동네 이장이든 경비원이든 누구든 만나서 묻고 정보를 얻는 게 중요하다. 나의 경우에는 경매물건의 이웃 주민을 통해서 임차인이 낙찰자와 계약을 새로 하고 싶어 한다는 정보를 얻기도 했다. 또 분묘(묘지)가 있을 수 있다고 고지된 토지를 입찰했을 때도 이웃 농민을 통해 기존에 있던 분묘가 다른 곳으로 이장되었다는 핵심 정보를 얻은 적도 있다.

내 지인의 경우에는 상가를 낙찰받은 뒤 햄버거 프랜차이즈 매장을 바로 입점시킨 적이 있었다. 이는 상가 임장 과정에서 공인중개사로부터 프랜차이즈 햄버거 업체가 입점할 상가를 찾고 있다는 정보를 미리 입수했기 때문에 가능한 것이었다. 그 외에도 임차인을 통해 경매물건에 하자가 있는지를 확인한다거나 임차인이 자신이 사는 경매물건을 매수하려는 의사가 있는지 확인하게 되는 일도 있다.

임장 시에는 소음과 악취도 점검해야 한다. 아파트 저층의 경우 지하주차장으로 진입하는 차량 소음이나 차단봉 작동 소음, 그리고 놀이터에서 발생하는 소음이 심할 수 있다. 상업지역에 인접해 있는 물건의 경우에는 야간에 술집 손님들이 피우는 담배 냄새와 소음 여부도 확인해야 한다. 시골 지역의 경우에는 멀리 떨어져 있는 축사의 냄새가 바람을 타고 전해지는 경우가 많으니 이 부분도 확인할 필요가 있다.

솔직하게 말하기

일부 경매 전문가들은 채무자나 세입자를 상대로 명도 협상을 할 때 낙찰자임을 밝히기보다 경매법인 직원인 것처럼 행동하는 편이 낫다고 말한다. 나 역시 이 방식을 가끔 이용한다. 하지만 경험상 이런 방식으로는 좋은 효과를 얻지 못했다. 오히려 누가 낙찰받았는지 다 확인했다며 왜 거짓말하느냐고 혼이 나기도 했다. 요즘은 무료 경매 사이트도 많고 경매 지식도 상향 평준화되어서 그런 거짓말은 먹히지 않는 경우가 많다. 명도 협상 시작부터 거짓말이나 하는 사람으로 찍히는 일이 생기는 것이다. 그냥 돈 몇 푼 벌어보려고 낙찰받았다든지, 실거주할 집을 조금이라도 저렴하게 사려고 입찰했다는 식으로 말하는 게 훨씬 편했고 설득도 잘되었다. 쉽지 않은 협상의 과정에 굳이 하지 않아도 될 거짓말을 할 필요는 없다는 게 나의 생각이다.

건물 출입과 공실 판단의 요령

건물 현관 출입구가 전자 도어락으로 되어 있으면 내부를 확인하기 어렵다. 그런데 의외로 비밀번호를 쉽게 얻을 수 있다. 바로 출입구 주변에 적혀 있는 비밀번호를 확인하는 것이다. 원룸처럼 전자 도어락이 설치된 공동주택의 경우 입구 주변에 비밀번호가 적혀 있는 경우가 많다. 택배기사나 라이더가 출입을 편하게 하려고 번호를 적어두고 공유하기 때문이다. 따라서 출입구 근처에 4자리 숫자가 적혀 있는지 꼼꼼히 살펴볼 필요가 있다.

공실 여부를 확인할 때는 출입문에 테이프를 붙이거나 이쑤시개를 끼워 놓으면 사람이 드나드는지 확인할 수 있다. 그리고 가스계량기 밸브에 노란색 캡이 달려 있다면 공실이다. 노란색 캡은 기존 거주자가 이사 나가면 가스 공급을 중단하기 위해 가스공급업체에서 해 놓은 조치다. 혹은 전기계량기의 전기 사용량을 보고 공실 여부를 판단할 수도 있다.

공인중개사와 소통하는 요령

상가, 사무실, 빌라는 아파트보다 시세 변동이 훨씬 크고 불규칙하다. 그래서 정확한 시세를 확인하는 것이 입찰가를 선정하는 데 가장 중요한 요소다. 그러기 위해서는 공인중개사무소를 여러 군데 방문해 시세를 파악하는 게 필요하다. 시세를 조사할 때는 매도자의 입장, 매수자의 입장, 경매 입찰자의 입장 등 다양한 측면으로 접근할수록 시세 파악의 정확도를 높일 수 있다. 공인중개사는 거래를 성사하기 위해 매도인에게는 실제 시세보다 낮게 이야기하는 경우가 많다. 반대로 일단 매물부터 확보하기 위해 실제 시세보다 높은 가격으로 거래가 가능한 것처럼 말하는 경우도 빈번하다. 따라서 매도자, 매수자, 입찰자 등 다양한 관점에서 시세 문의를 할 필요가 있다. 시세를 확인할 때 친분이 생긴 공인중개사는 낙찰 후 임대나 매매 과정에서 없어서는 안 될 존재가 된다. 따라서 임장할 때부터 일 처리 능력이 뛰어나고 신뢰할 만한 공인중개사를 확보해 놓는 것은 여러모로 도움이 된다.

공인중개사를 통해 시세를 확인할 때는 사전에 전화 약속을 하고 가는 게 좋다. 그러면 공인중개사는 주변을 수소문해서 내가 좋아할 만한 유사 매물들을 섭외해 놓는다. 이렇게 하면 시세 확인이나 기타 정보 획득이 더욱 정확해진다.

신건에 주목하자

보통 경매를 할 때 감정가보다는 많이 유찰된 물건 위주로 관심을 가지기 마련이다. 하지만 신건(신규 경매물건)에 낚아채야 하는 물건도 많다. 시기적인 이유나 물건 자체의 특성으로 인해 감정가가 시세에 비해 크게 낮은 경우가 많기 때문이다. 신건을 주목해야 하는 이유 중에 또 하나는 임장의 효율성 때문이다. 임장에서 핵심 정보는 임차인을 비롯한 거주자와 공인중개사, 그리고 이웃들을 통해서 얻게 되는 경우가 대부분이다. 그런데 입찰을 해볼 만한 적정한 가격대까지 떨어진 물건은 이미 수많은 경쟁자들이 임장을 다녀간 상태다. 임차인이나 인근 공인중개사가 경쟁자들의 방문에 많이 지쳐 성의 없이 답변하는 경우가 많다. 특히 임차인을 비롯한 점유자는 내부 상태나 하자 여부, 임대차 갱신 의사 등 입찰 결정과 입찰가 산정에 핵심이 되는 정보를 쥐고 있다. 그런데 임장을 너무 늦게 가면 점유자는 이미 여러 사람을 응대한 탓에 무성의하게 답하거나 아예 출입을 막는 경고문을 현관에 붙여두는 경우도 생긴다. 따라서 정말로 괜찮은 물건이 나왔을 때는 주거용이든 상업용이든 간에 신건에 임장을 가서 점유자를 먼저 만나보는 것이 중요하다.

    경매물건과 관련된 정보를 얻기 위해 공인중개사나 점유자 혹은 이웃 사람에게 접촉을 시도하는 게 처음에는 무척 부담스러울 수 있다. 나 역시 그랬다. 괜히 무시당하거나 홀대받는 건 아닐까 걱정되기도 했다. 하지만 경매물건에 대해 온 동네 사람들이 잘 알고 있는 경우도 많고 굳이 묻지 않은 것까지 친절하게 말해주는 경우가 정말 많다. 누군가는 임장에서 손쉽게 얻어간 정보를 나는 알지 못한 채 지나칠 수 있다. 그리고 우연히 얻은 작은 정보가 낙찰과 패찰을 가르는 핵심 요소가 될 수도 있다. 따라서 임장은 적극적으로 임해야 한다.

관심물건 추리하기
- 분당 불허가 아파트 -

경매를 재미있게 하기 위해서는 무엇이 필요할까? 여러 가지가 있겠지만 그중에서도 '많은 종잣돈'을 꼽을 수 있다. 주머니가 두둑해야 다양하게 입찰하고 경험하고 수익도 꾸준히 낼 수 있기 때문이다. 하지만 이는 현실적으로 쉽지 않다. 부동산은 특성상 초단기 매매가 되지 않는 경우가 많으므로 어느 순간 자금이 묶여 투자금이 없어지는 순간이 오기 마련이다. 이럴 때는 경매물건도 검색하지 않게 되고 경매와 자연스럽게 멀어지게 된다. 하지만 이런 시기에도 재미있게 경매 경험과 공부를 이어갈 방법이 있다. 바로 관심물건을 분석해 보고 탐정처럼 추리해 보는 것이다.

다음의 글은 한때 화제였던 물건이 낙찰되고 나서(2023년 1월)

내 나름대로 추리한 내용이다. 인터넷 카페 등에 썼던 내용을 갈무리한 것임을 밝힌다.

2023년 초, 분당의 한 아파트가 불허가와 잔금 미납을 거쳐 최저가 49%까지 떨어지며 많은 이의 관심을 받았던 적이 있었다. 첫 번째 낙찰 때는 왜 불허가가 되었는지, 두 번째 낙찰 때는 왜 잔금 미납을 한 것인지, 세 번째 낙찰자는 잔금을 납부할 것인지 등 무척 궁금하기도 하고 지켜보는 재미가 있었다.

○ 경매물건 조회 화면

출처: 지지옥션

소재지: 경기도 성남시 분당구

면적: 49.6평(164㎡)

용도: 아파트

감정가: 20억 원

낙찰가: 16억 3,000만 원(82%)

매각 기일: 2023.01.02.

감정가 20억 원에서 최저가 9억 8,000만 원까지 떨어졌던 분당 수내동 50평 아파트. 대기업이 밀집한 초대형 업무지구인 판교와 가깝고 분당 최고의 학군지인 수내동에 있는 대형아파트라서 대중의 관심이 쏠렸다. 모 경매 사이트 조회 수는 5,000건에 육박할 정도였다. 그야말로 뜨거운 관심을 받았던 이 물건은 한 차례의 매각불허가와 한 차례의 잔금 미납*을 거쳐 2023년 1월 2일, 세 번째 낙찰에서 마침내 매각이 완료되었다. 낙찰가는 16억 3,000만 원이었다.

◦ 경매 진행 과정

구분	최저가	날짜	낙찰가	결과	최종
1	20억 원	2022.03.28.	-	유찰	-
2	14억 원	2022.07.11.	15억 5,5531만 원	낙찰	불허가
3	14억 원	2022.08.16.	15억 1,350만 513원	낙찰	미납
4	14억 원	2022.11.28.	-	유찰	-
5	9억 8,000만 원	2023.01.02.	16억 3,000만 원	낙찰	납부(종결)

최저가 기준으로 반값까지 떨어진 이유 중 하나는 부동산 경기가 괜찮았던 2021년 10월을 기준으로 감정되어 감정가(20억 원)가 시세 대비 비쌌던 측면도 있었다. 높은 감정가로 인해 더 극적으로 떨어진 것처럼 보인 것이다. 경매가 진행될 당시 KB 시세는 16억~18억 원 수준이었다. (2023년 1월 기준)

매각불허가 사유

매각 기일날 해당 경매물건에 입찰한 사람 중 가장 높은 가격을 써낸 사람을 최고가 매수신고인이라고 한다. 매각 기일 일주일 후, 법원은 이 최고가 매수신고인에게 해당 부동산을 매각할지 여부를 결정해 공고한다. 이런 검토 과정에서 문제가 없다면 매각허가결정을 하고 문제가 있다면 매각불허가 결정을 하게 된다. 이날을 매각 결정기일이라 한다.

매각불허가 결정을 하는 경우는 크게 8가지가 있다.
1. 강제집행을 허가할 수 없는 경우 혹은 집행을 계속해서 진행할 수 없는 경우
2. 최고가 매수신고인이 부동산을 매수할 자격 또는 능력이 없는 경우
3. 부동산 경매 입찰에 참여한 사람이 타인의 매수 신청을 방해하거나 담합 등을 한 경우
4. 최저 매각 가격 결정과 일괄 매각의 결정에 중대한 흠이 있는 경우
5. 매각물건명세서의 하자가 있는 경우
6. 천재지변 등으로 부동산이 현저하게 훼손된 경우
7. 중대한 권리관계 변동이 있는 경우
8. 경매 절차상 그 밖의 중대한 잘못이 발생한 경우

만약 매각불허가 결정이 되면 입찰보증금(통상 최저 매각 가격의 10%)은 돌려받을 수 있다.

- 입찰보증금만 납부하고 잔금납부기일까지 잔금을 납부하지 못해서(미납) 새롭게 경매가 시작되는 경우를 말한다. 입찰보증금은 몰수된다.

이 물건은 불허가와 미납이 각각 한 번씩 있었는데 그 배경이 무엇인지 살펴볼 필요가 있다. 2022년 9월 29일까지 두 번째 낙찰자가 잔금을 미납한 이유는 시세의 극적인 하락 때문이라고 추정할 수 있을 것이다.

◦ 당시 매매실거래가 추이

단위: 만 원

2022.10.	14억 5,000(28일, 3층)
2022.05.	19억 2,000(25일, 6층) / 18억 9,000(18일, 8층) ~~18억 9,000(18일, 8층)~~ 계약취소
2020.10.	16억 9,000(22일, 8층)
2020.08.	15억 8,000(22일, 11층)
2020.07.	13억 6,000(3일, 12층)
2020.06.	13억 6,000(23일, 4층) / 14억 7,000(12일, 13층)

발췌: 네이버 부동산

이 물건은 여느 다른 아파트들처럼 2022년 여름 끝에 접어들면서 급격한 하락세로 돌아섰다. 2022년 5월에 19억 2,000만 원에 거래되었던 아파트가 약 5개월 후인 2022년 10월에 14억 5,000만 원까지 거래가 되었으니 15억 원에 낙찰받은 낙찰자는 잔금을 포기했을 가능성도 있다.

1억 4,000만 원, 왜 포기했을까?

○ 매각물건명세서 발췌

임차현황		· 기준권리일: 2021.07.30 · 배당요구종기일: 2021.12.07				
임차인	점유부분	전입/확정/배당		보증금/차임	배당예상금액	대항력
이▨▨	주거용 ▨▨▨	전입일자: 2013.12.26 확정일자: 미상 배당요구: 없음		미상	배당금 없음	있음
기타사항	※ 현장에 임하였으나 이해관계인을 만나지 못하여 점유관계를 확인하지 못하였으며, 권리신고 및 배당요구신청 안내문을 현관 출입문 틈에 끼워 두었음. ※ 주민센터에서 전입세대열람 결과 소유자가 아닌 주민등록 전입자(이▨▨)가 있어 임차인으로 기재하고 전입세대열람 내역 및 주민등록표 등본 등을 발급받았으나 정확한 점유관계는 별도 확인이 필요함. ※ 이▨▨ 소유자들이 작성한 무상거주사실확인서가 제출됨					

아무리 시세가 크게 하락했다 해도 의문은 남았다. 14억 5,000만 원에 거래되었던 일반매물은 3층이었고 경매물건은 고층(15층 이상)인 점을 고려하면 15억 원이라는 낙찰가가 그렇게 높게만 느껴지진 않는다. 무엇보다 입찰보증금 1억 4,000만 원을 포기할 정도의 상황이었는지 쉽게 이해되지 않았다. 2022년 12월 기준, 동일 평형 매물들이 19억~20억 원에 시세가 형성되어 있었던 점도 의문을 더했다.

어쩌면 그 답은 매각물건명세서에서 찾을 수 있을지 모르겠다. '이○○'라는 선순위 임차인이 있는데 무상거주 사실확인서가 제출된 상태였다. 그런데 '소유자들이 작성한' 확인서다. 임차인이 직접 작성한 것이 아니므로 경매에서는 휴지 조각에 불과한 서류일 것이다. 무상거주 사실확인서는 거주지에 월세, 전세 등의 형태가 아닌 무상으로 살고 있다는 사실을 확인받는 서류다. 대출을 받을 때 금융기관에서는 전입된 사람이 있으면 임차인인지 확인하고 임차인이면 보증금만큼 대출을 줄이거나 혹은 대출 자체를 거절할 수밖에 없다. 자신들이 후순위가 되기 때문이다. 그런데 전입신고만 되어있을 뿐 무상으로 거주할 때는 그렇지 않다. 그러다 보니 통상 친인척 등이 함께 거주하는 경우 보증금 없이 무상으로 살고 있음을 확인받는 것이다. 하지만 무상거주 사실확인서는 무상으로 거주하는 자가 직접 작성한 것이어야 효력이 있다. 만약 타인이 작성한 것도 효력을 인정한다면 임대인이 대출을 많이 받기 위해 거짓으로 서류를 꾸미는 경우가 있을 수 있다. 그렇게 되면 선량한 임차인이나 금융기관이 손해를 보게 될 것이다. 임차인과 관련한 문제가 잔금 미납에 큰 영향을 미쳤을 것이라는 의심은 법원 문건 접수 내역을 보면 더 짙어진다.

○ **법원 문건 접수 내역**

2022.07.11.	집행관 박○○ 기일입찰조서 제출
2022.07.14.	최고가 매수신고인 매각불허 신청서 제출
2022.07.27.	최고가 매수신고인 법원보관금환급 신청서 제출
2022.08.16.	집행관 박○○ 기일입찰조서 제출
2022.08.19.	최고가 매수신고인 이의신청서 제출
2022.08.22.	최고가 매수신고인 열람 및 복사신청 제출

15억 5,000만 원에 낙찰받은 첫 번째 낙찰자는 2022년 7월 14일에 매각불허가 신청을 해서 이것이 법원으로부터 받아들여졌다. 그래서 보증금을 돌려받았다(법원보관금환급). 법원 문건 접수 내역 상단(주황색 줄)을 보면 알 수 있다. 하지만 8월 16일에 낙찰받은 두 번째 낙찰자(최고가 매수인)는 이의신청(파란색 줄)을 했지만 받아들여지지 않았다. 그래서 보증금을 돌려받지 못하고 잔금을 미납하고 만 것이다. 통상 법원은 불허가가 난 건을 같은 사유로는 재차 불허가를 내어주지 않는다. 같은 사유로 재차 불허가를 내어주면 이를 악용할 수 있기 때문이다. 낙찰된 후에 여차하면 불허가 신청을 하고 보증금을 쉽게 돌려받을 수 있게 된다면 경매의 공정성에 큰 문제가 생길 것이다. 결국 이 건은 무상거주 확인서가 제출된 임차인 관련 문제로 한 차례는 불허가가 났지만 두 번째는 불허가가 나지 않아서 보증금을 포기할 수밖에 없었던 상황으로 추정된다.

세 번째 낙찰자의 선택

지금까지의 사항은 추정에 불과하다. 두 번째 낙찰자는 대출이자의 폭등으로 자금 계획이 꼬였을 수도 있고 시세가 더 하락할까 두려워 포기한 걸 수도 있다. 그런 의미에서 세 번째 낙찰자가 어떤 선택을 할지 지켜보는 것도 흥미로울 것이다.

개인적으로는 잔금을 납부할 가능성에 무게를 둔다. 그 이유는 세 번째 낙찰자의 입찰가에 있다. 세 번째 낙찰자는 NPL* 투자자일 가능성이 커 보인다. 직전 두 차례 경매에서 15억 원대에 낙찰되었던 건에 16억 3,000만 원을 쓴 것을 보면 말이다. 참고로 2등 입찰가는 13억 5,000만 원이었다. NPL까지 하는 투자자라면 두 번이나 유찰된 이 물건의 배경을 충분히 조사한 뒤 입찰에 참여했을 것이라 생각한다. 내 판단이 빗나가 세 번째 낙찰자가 보증금 1억 9,000만 원을 포기하는 결정을 한다면? 그 어떤 TV 드라마보다 재미있어질 것 같다.

경매의 최종 결과

내가 2023년 1월에 예측한 대로 세 번째 낙찰자는 잔금을 납부했고 경매는 정상적으로 종료되었다. 물론 나의 추리가 모두 실제 사실 관계와 일치하는지는 일일이 확인하지 못했다. 하지만 추

• Non Performing Loan의 줄임말로 부실채권을 뜻한다. 통상 금융기관에서 개인 또는 법인에게 담보를 받고 대출을 실행한 뒤 대출이자가 3개월 이상 연체된 무수익 대출을 말한다. 은행은 건전성을 위해 부실채권을 정리해야 할 필요가 있다. 그래서 투자자는 할인된 가격으로 이 부실채권을 매입하면 경매입찰가를 높게 쓸 수 있는 구조가 된다. 부실채권을 싸게 샀지만 배당은 할인되기 전 가격(액면가)으로 받기 때문이다.

리의 과정에서 나는 분당구 수내동의 입지에 대해서 자세히 알게 되었고, 미납과 불허가 건을 바라보는 관점도 향상되었다. 무엇보다 관전하는 느낌으로 이 경매물건을 보는 게 너무 재미있었다.

성실하면 수익은 따라온다
- 경주 아파트 -

경매나 부동산에 대한 이해가 깊고 지식의 수준이 높으면 수익을 낼 가능성이 높아지는 것은 사실이다. 그렇다고 해서 경매시장에서 고수만 돈을 벌고 초보는 돈을 벌지 못하는 것은 절대 아니다. 매월 전국적으로 꾸준히 쏟아지는 경매물건들 중에는 성실한 검색만으로도 안전마진을 확보할 수 있는 물건이 적지 않게 숨어있다. 지금부터 그런 사례 중 하나를 살펴보자.

○ 경매물건 조회 화면

출처: 지지옥션

소재지: 경북 경주시 황성동

면적: 토지 9.3평(30.7m²) / 건물 18.1평(60m²)

용도: 아파트

감정가: 1억 6,500만 원

낙찰가: 1억 3,277만 원(80.47%)

전세보증금: 1억 3,500만 원

매각 기일: 25.06.10.

경주시 황성동에 위치한 이 물건은 지어진 지 25년이 넘은 구축 아파트다. 하지만 다음 지도에서 볼 수 있듯이 인근에 초등학교 두 곳과 중학교 한 곳이 있으며 마트 등 편의시설도 잘 갖춰진 주택지역에 자리 잡고 있다. 그러다 보니 수요가 탄탄한 편이고 전세가격과 매매가격 모두 큰 변동 없이 유지되고 있다.

◦ **경매물건지와 주변 환경**

출처: 카카오맵

인기를 반영하듯 낙찰 시점인 2024년 8월 초를 기준으로 경매 물건과 동일 평형(21평형)의 전세 물건은 단 한 건뿐이었고, 전세가는 1억 4,000만 원이었다. 매매 물건 역시 1억 6,500만 원짜리 한 건뿐인 상황이었다. 두 매물 모두 선호도가 떨어지는 2층이었다. 그런데 낙찰가는 1억 3,200만 원이었으니 1층임을 고려해도 전세가보다도 싸게 낙찰 받았다는 것을 알 수 있다. 그 결과 2,000만~3,000만 원 정도의 안전마진을 확보할 수 있었고, 낙찰 후 전세를 놓는다면 무피(투자금이 들어가지 않는 방식) 투자도 가능했을 것이다.

34%까지 유찰되었던 이유

한 가지 이상한 점은 이 물건이 최저 매각 가격이 34%가 될 때까지 여러 차례 유찰되었다는 점이다. 유찰이 많이 된 이유는 매각물건명세서에서 찾을 수 있다. 바로 임대차 보증금 1억 3,500만 원을 매수인이 인수해야 하는 매물이었기 때문이다. 다시 말해 얼마에 낙찰을 받든 간에 임차인이 낙찰자에게 경매 배당금을 포함해 총 1억 3,500만 원을 받아 가야만 하는 것이었다.

○ 매각물건명세서 발췌

등기된 부동산에 관한 권리 또는 가처분으로 매각으로 그 효력이 소멸되지 아니하는 것
매수인에게 대항할 수 있는 을구 순위 21번 임차권등기(2020.2.25. 등기) 있음 (임대차 보증금 1억 3,500만 원, 전입일 2017.9.14., 확정일자 2017.9.14.) 배당에서 보증금이 전액 변제되지 아니하면 잔액을 매수인이 인수함
매각에 따라 설정된 것으로 보는 지상권의 개요

속절없이 유찰되던 이 물건에 변화가 찾아온 것은 3회차 매각기일 직후였다. 임차권자의 지위를 가지고 있던 서울보증보험㈜이 조건부 대항력 포기서를 제출한 것이다. 내용을 보면 최초 감정가 대비 60% 이상으로 매각이 될 때 임차보증금의 우선변제권자로서 배당금을 수령하고 남은 잔여금액에 대한 대항력을 포기

포기하겠다는 뜻이다. 즉 감정가격의 60%인 9,900만 원 이상으로만 낙찰되면 서울보증보험㈜은 낙찰 금액에 따라 배당만 받고 혹여 임차보증금 전액을 회수하지 못하더라도 대항력을 포기하겠다는 것이다. 이는 낙찰자가 입찰한 금액이 9,900만 원만 넘으면 인수할 것이 없는 깨끗한 물건이 된다는 것을 의미한다. 이렇게 매물에 변화가 생기자마자 8명이 입찰해 80%가 넘는 가격에 낙찰되었다.

○ **매각물건명세서 발췌**

비고란
서울보증보험 주식회사로부터 매각가격이 최초감정가 대비 60% 이상일 경우, 임차보증금의 우선변제권자로서 배당금을 수령하고 남은 잔여금액에 대한 대항력을 포기하는 2024.7.10.자 조건부 대항력 포기서 제출됨

이 물건이 전셋값보다도 싸게 낙찰된 데에는 이 변화가 한몫했다고 봐야 한다. 즉 여러 차례 유찰되는 과정에서 이 물건을 검색했던 예비 입찰자 중에는 이 물건을 보증금 전액 인수 물건으로 생각하고 이후 검색을 소홀히 했을 가능성이 높다. 경매법원에 따라서는 대항력 포기 문서가 제출되면 1회차부터(감정가 100%) 매각을 새로 시작하는 경우도 많다. 경매 사건의 중요 사항이 달라진 것이기도 하고 예비 입찰자들이 이를 놓치지 않게 하기 위해서이기도 할 것이다. 하지만 이 건의 경매법원인 경주지원은 경매

를 1회차부터 새로 시작하지 않고 매각물건명세서에 조건부 대항력 포기에 대한 공지만 한 다음 예정되었던 경매 일정을 그대로 진행했다. 매각 기일이 8월 6일이었는데 7월 10일에 서울보증보험㈜의 조건부 대항력 포기서가 제출되었고 중요한 조건이 변경되었음에도 그대로 8월 6일에 매각이 진행되었다. 즉 새로운 내용을 반영해 경매정보사이트에 매물이 올라와 있던 기간이 채 한 달이 안 되었다. 그러다 보니 경쟁이 줄었고 낙찰자가 좋은 가격에 낙찰받을 수 있게 되었다.

공공(금융)기관 대항력 포기 매물의 장점

주택도시보증공사(HUG), 서울보증보험㈜이 임차인에게 보증금을 대신 돌려준 뒤 대항력을 포기하는 매물의 경우 또 다른 장점이 있다. 바로 명도 걱정이 거의 없다는 점이다. 이런 매물은 기존 임차인이 퇴거하고 비밀번호까지 공공(금융)기관에서 확보한 경우가 많다. 기관마다 낙찰자에게 요구하는 서류는 약간씩 차이가 있지만 통상 잔금 납부 등만 확인하면 낙찰자에게 비밀번호를 알려준다. 엄청난 장점 중 하나라고 생각한다. 때론 비밀번호가 틀린 경우도 있지만 이런 경우 누군가 불법적으로 점유하고 있는 것만 아니라면 강제 개문해도 큰 부담이 없다.

성실함이 수익으로

　전셋값보다도 싸게 낙찰받고 안전마진을 확보한 것은 물건을 꼼꼼하게 검색한 성실함이 가장 큰 영향을 미쳤다고 볼 수 있다. 이런 형태의 매물은 앞으로 얼마든지 또 나올 수 있다는 점을 생각하면 성실한 물건 검색의 중요성은 아무리 강조해도 지나치지 않다. 난 이런 게 경매의 매력 중 하나라고 생각한다. 경매는 약간의 차이가 승패를 좌우하고, 초보도 수익을 낼 수 있는 기회가 얼마든지 있는 시장인 것이다.

연예인 단독주택 경매로 본 신건의 가치
- 연희동 주택 -

경매물건을 보다 보면 재미있는 건을 종종 마주하게 된다. 경매까지 나오게 된 사연이 눈에 띄는 건도 있고 이전 입찰자의 실수가 보이는 재매각 건도 있다. 일반물건으로는 보기 어려운 굉장히 희귀한 물건을 만날 수도 있다. 이 역시 경매의 매력 중 하나다. 지금부터 소개할 물건 역시 흥미로운 물건 중 하나였다. 그런데 이 물건은 흥미뿐만 아니라 기억해 두면 돈 되는 포인트도 있었다.

○ 경매물건 조회 화면

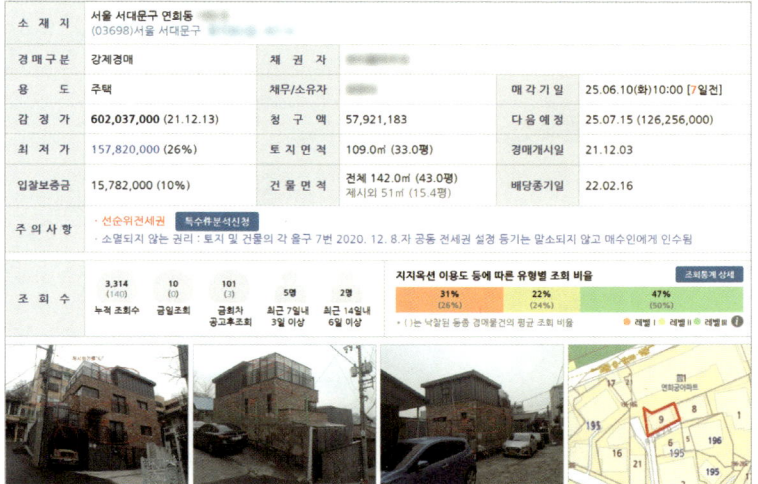

출처: 지지옥션

소재지: 서울시 서대문구 연희동

면적: 토지 33평(109.0m²) / 건물 43평(142.0m²) 제시외 포함

용도: 단독주택

감정가: 6억 203만 7,000원

전세보증금: 8억 원

연희동은 매력이 많은 동네다. 전두환, 노태우 대통령의 사저가 있던 곳이기도 하다. 대표적인 서울의 고급 주택지다. 인왕산 서쪽에 위치한 작은 산, 안산과도 가깝다. 작은 숲속 공원들로 인해 고즈넉한 분위기도 느낄 수 있다. 동시에 동네를 조금만 벗어

나면 활기 넘치는 신촌 대학가를 만날 수 있기도 하다. 내부순환로 연희 램프와도 가깝다.

◦ **도심 속 공원 인근에 있는 물건지와 주변 지도**

출처: 카카오맵

경매물건 개요

경매물건은 안산도시자연공원 인근의 높은 언덕 지역에 있는 단독주택이었다. 주변의 낡은 주택들과는 달리 신축급 상태였다. 건축물대장을 확인해 보니 1971년에 사용 승인된 건물이지만 2020년에 증축 및 대수선을 한 것이 확인되었다. 특히 눈에 띄는 건 건물 주차장에 주차된 '지바겐'이라 불리는 고급 자동차다.

○ 증축 및 대수선 이력

변동일	변동내용 및 원인
2020.6.10	[증축 및 대수선] 지상1층 단독주택(주택) 38.55㎡→40.89㎡, 지상2층 단독주택(주택) 27.7㎡→43.50㎡, 연면적 72.86㎡→91㎡ / 건축과-▨▨▨▨▨▨ 의거 기재 - 이하여백 -

출처: 건축물대장

고급 자동차의 주인은 연예인

○ 현장사진

출처: 지지옥션

이 '지바겐'의 주인이자 경매물건의 임차인은 연예인으로 보인다. 등기부등본을 보면 ○○○엔터테인먼트가 설정한 전세권이 2021년에 개인에게 양도되었음을 알 수 있다. 그리고 양수자의 이름이 엔터테인먼트 회사에 소속된 아이돌 그룹 멤버의 본명과 동일함을 알 수 있다.

단순히 "연예인의 집이 경매에 나왔네, 차가 비싸네"라는 가십을 넘어 주목할 만한 점은 바로 이 물건의 감정가격이다. 이 단독주택의 감정가는 약 6억 200만 원인데 그중 대지(토지)의 감정가는 5억 2,800만 원(평당 1,600만 원)이고 건물은 6,300만 원으로 감정되었다.

뭔가 이상하지 않은가? 그렇다. 건물 가격이 싸도 너무 싸다. 총 43평인 서울의 신축급 건물 가격이 6,300만 원이라니 너무나도 비정상적이다. 단독주택의 건축비는 자재에 따라 천차만별이긴 하지만 평당 500만~900만 원 정도는 잡아야 한다. 따라서 약 43평인 경매물건의 건축비는 2억~4억 원 정도는 한다고 봐야 한다. 공사를 한 지 3년 정도 되었고, 신축이 아니라 대수선이었음을 고려하더라도 6,300만 원은 너무나도 비현실적인 숫자다. 6,300만 원으로는 죽었다 깨어나도 저런 수준의 단독주택을 지을 수 없다.

다시 말해 건물 감정가격이 최소 1억 5,000만~3억 5,000만 원 정도는 저렴하게 산정된 것이라 봐야 한다. 전세가(8억 원)보다 2억 원이나 싼 감정가의 원인은 바로 저평가된 건물 가격에 있었다. 왜 이런 일이 일어나는 것일까? 감정평가 자체의 한계일 수도 있고 혹은 감정평가사가 할 일을 소홀히 한 측면도 있을 수 있다. 하지만 감정평가 제도의 한계에 대해 비판하고 싶은 마음은 없다. 결국 사람이 하는 일이고 놓치는 부분이 있을 수도 있는 것이다. 중요한 것은 이런 저평가된 물건들에 수익을 올릴 기회가 있다는 점이다. 많은 경매 투자자들은 신건보다는 최소 한 차례 이상 유찰된 물건에 주목한다. 특히나 주택경기가 좋지 않은 시기에는 2~3회 유찰되는 주택 물건도 많다 보니 더더욱 신건에 소홀할 수밖에 없다. 선택과 집중의 측면에서는 어쩌면 당연한 현상이기도 하다. 그렇기에 감정가가 낮게 책정되어 처음부터 저평가된 물건은 그 자체로 기회가 된다. 경쟁이 덜한 신건 상태(1회차)에서 본래의 가치보다 싸게 낙찰받을 수 있는 확률이 크게 높아지는 것이다. 하지만 이 물건은 연예인의 선순위 전세권을 인수해야 하는 건이라서 신건에 싸게 낚아채는 전략을 사용하긴 어려울 것 같다. 그렇다고 아쉬워할 필요는 없다. 이 물건이 아니더라도 시장에는 여전히 많은 기회가 존재하기 때문이다.

2025년 8월 말 기준 전국 주거용 물건 중 신건의 숫자는 지분 물건을 제외하고도 1,912건에 이른다. 서울만 놓고 봐도 383건이다. 주택 경매만 이 정도고 상가나 토지 등까지 고려하면 넘치도록 많은 신건이 있다. 기회는 충분히 있다.

> 따라 하면
> 돈 되는
> 꿀팁

인기 물건일수록 신건을 노리자

    선호도가 높은 경매물건일수록 신건을 노려야 한다. 첫 입찰기일(최저가 100%)에 입찰해야 하는 것이다. 사람들은 보통 한두 차례 유찰된 물건 위주로 검색하는 습관이 있는데, 인기 물건이 한 차례 유찰되고 나면 관심이 집중될 수밖에 없다. 결국 낙찰가율은 올라가고 2회차(최저가 80%)에 감정가를 넘겨서 낙찰되는 경우가 빈번하다. 따라서 인기 물건일수록 경쟁이 덜한 1회차(신건)에 가져와야 한다.

◦ 경매물건 조회 화면

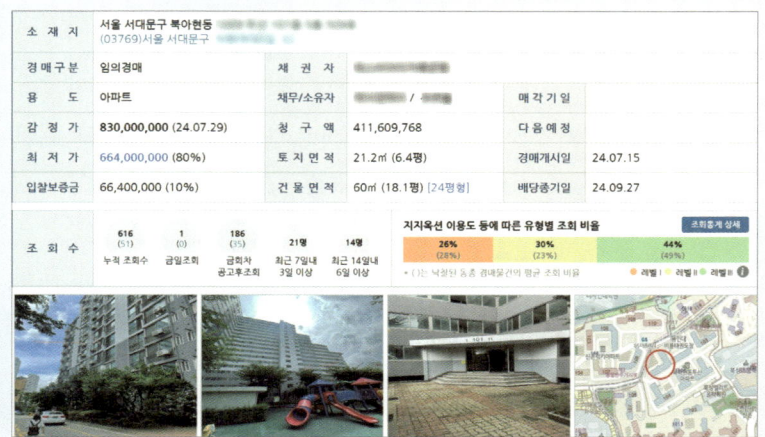

출처: 지지옥션

    2025년 4월에 낙찰된 북아현동 아파트가 이런 경우였다. 구축이긴 하지만 이대역 역세권에 초등학교와 중학교에 인접한 이 아파트는 1회차(8억 3,000만 원)에는 유찰되었지만 2회차(6억 6,000만 원)에 44명이 입찰해 103%(8억 5,000만 원)에 낙찰되었다. 결과적으로 1회차(신건)에 8억 3,000만 원을 살짝 넘겨서 입찰해야 했던 건이라고 할 수 있다. 물론 낙찰가인 8억 5,000만 원도 당시 시세 대비 저렴한 낙찰가다. 하지만 낙찰 시점에 같은 동의 중층 매물이 9억 3,000만 원 정도에 나와 있었던 점을 고려하면 1회차에 입찰했어도 약 1억 원 저렴하게 매수할 수 있었던 셈이다. 부동산 상승기인 경우, 2회차에 인기 아파트를 시세보다 20% 가까이 싸게 낙찰받는 것은 확률적으로 그리고 통계적으로 일어나기 어렵다.

각 지역 인기 아파트는 시세 대비 약 10% 정도 싸게 낙찰받는 것을 현실적인 목표로 해야 한다. 물론 저층이거나 대형 평형이거나 하는 등 특별한 변수가 있는 경우에는 예외다. 신건의 감정가가 시세 대비 10%가량 저렴한 인기 아파트가 있다면 1회차에 도전해서 경쟁을 피하고 낙찰 확률을 높이는 접근이 필요하다.

무피로 3,000만 원 벌기
- 지방 아파트 공매 -

내가 경매에 처음 발을 들인 것은 2004년경이었다. 20대 후반에 사회생활을 처음 하던 시기였으니 어지간한 사람들보다 훨씬 빨랐다. 경매를 알아두면 업무에 도움이 될 것도 같았고 재테크 수단이 될 수 있겠다고 생각했다. 처음 관심을 가졌던 경매물건은 서울 한남동, 평창동, 성북동의 빌라들이었다.

대학생 때 학교 앞 월세방 계약을 한 것 외에는 부동산에 관한 경험이 없던 점을 고려하면 굉장히 도전적인 접근이었다. 자금 사정상 아파트보다는 상대적으로 저렴한 빌라를 노렸다. 그 와중에 부자 동네에 살고 싶은 욕심과 이름 있는 부자 동네의 빌라는 돈이 될 것 같다는 막연하고 단순한 생각으로 접근한 것이었다.

당시 나는 한두 번 입찰하다가 금방 포기했다. 생각보다 입찰자(경쟁자)가 많았고, 낙찰가도 너무 높게 느껴졌기 때문이었다. 그리고 나는 생각했다. '아, 경매로 돈 벌기 쉽지 않구나. 경매로 쉽게 돈 벌던 좋은 시기는 지나간 걸까? 조금만 더 일찍 경매를 알았더라면 좋았을 텐데.' 그 이후 다시 경매를 접하는 데에는 10년이 넘는 시간이 걸렸다. 2015년경부터 부동산 및 경매 투자를 본격적으로 해오고 있는데, 돌이켜보면 2004년에 경매를 너무 일찍 접은 것이 후회된다.

요즘도 부푼 꿈을 안고 경매시장에 뛰어드는 사람들 중 상당수가 정작 경매시장이 과열되었거나 이미 레드오션이라는 이야기를 자주 하곤 한다. "아파트 급매가 4억 8,000만 원인데 낙찰가가 4억 7,000만 원이다. 저런 입찰가를 쓸 바엔 그냥 급매로 사지 왜 경매를 하는 건지 모르겠다. 15명이나 입찰했다." 하는 식의 반응들이다. 2004년의 나와 요즘 경매로 돈 벌기 어렵다는 사람들의 공통점이 있다. 그것은 바로 대다수의 사람이 좋아할 만한 무난한 매물로 큰돈을 벌려 한다는 것이다. 예를 들면 수도권의 세대수도 꽤 되는 아파트나 임대가 잘 맞춰지는 역세권의 주거용 물건들을 노리는 식이다.

안타깝지만 이런 물건들은 실수요자들이나 소위 천 띠기(1,000만 원 정도 수익을 바라고 입찰하는 방식)를 목표로 하는 사람들이 입찰하기 좋은 물건이다. 이런 주거용 물건은 전세로 세팅해 투자금을 최소화하기도 쉽고, 월세 수익을 얻기에도 매우 유리하다. 수요가 많다 보니 매우 안정적인 투자처가 된다. 따라서 경쟁이 당연히 치열하고 낙찰가도 올라가기 마련이다.

누가 봐도 그럴싸한 물건으로는 큰 수익을 얻기 어렵다. A급 물건을 B급 가격으로 사는 것도 좋은 전략이지만 B급 물건을 C급 가격으로 사는 게 나은 선택일 경우가 많다.

수강생의 낙찰 사례

수강생의 낙찰 사례를 하나 살펴보자. 이 수강생은 2023년에 공매로 지방의 아파트를 감정가의 80% 수준으로 낙찰받았다. 공시가 1억 원 미만이라 취득세도 낮았다. 특히 낙찰가는 1억 2,000만 원인데 해당 아파트 단지의 전세 시세는 1억 3,000만 원부터 시작이고 매매 시세도 1억 5,000만 원에 육박했다. 전세를 놓으면 무피(투자금이 들어가지 않는 방식) 혹은 플피(투자금을 회수하고도 추가로 돈이 생기는 방식)로 진행할 수 있어, 실제로 자기 자본 없이도 운용이 가능했다. 또 단기 매도만 해도 3,000만 원 정도 수익을 남길 수 있는 훌륭한 낙찰이었다. 공기업에서 직원들을 위한 사택으로 쓰고 있던 물건이라 명도도 아주 수월하게 끝이 났다.

투자금 대비 고수익을 올릴 수 있는 물건을 낙찰받은 비법은 사실 대단한 것이 아니다. 사람들의 관심이 덜한 지방의 아파트를 경매보다 경쟁이 덜한 공매로 낙찰받은 것이 비법이라면 비법이었다.

○ **경매물건 조회 화면**

소 재 지	전남 순천시 연향동 ▇▇▇ ▇▇▇▇▇▇▇▇ ▇▇ ▇▇▇▇ ▇▇ ▇▇▇ ▇▇▇						
	[도로명주소] (58004) 전남 순천시 ▇▇▇						
처분방식	매각		입찰방식	일반경쟁(최고가방식)		물건상태	낙찰
감 정 가	157,000,000 원		소 유 자	유한회사 ▇▇		입찰시작일	2023.09.18 (10:00)
최 저 가	109,900,000 원		토지면적	41.7㎡ (12.6평)		입찰종료일	2023.09.20 (17:00)
보 증 금	10,990,000 (최저가의 10%)		건물면적	60㎡ (18평)		개 찰 일	2023.09.21 (11:00)
조 회 수	· 금일 1 / 0 · 누적 66 / 0		(단순조회 / 5분이상 열람)		조회통계	배분요구종기	2023.07.24
			위탁기관	북광주세무서			
			담당부서	광주전남지역본부			
			담당자	조세정리1팀			
			연 락 처	1588-5721			

출처: 지지옥션

많은 사람이 경매로 수익 내기가 어렵다고 말한다. 하지만 엄밀히 말해 경매로 수익 내기가 어려운 것이 아니라 누가 봐도 좋아할 물건으로 큰 수익을 내기가 어렵다는 게 더 정확한 표현일 것이다. 틈새시장은 무궁무진하다. 비인기 물건이 어제도 오늘도 내일도 낙찰되고 있다는 것을 기억하자.

월세 수익과 토지 가격 상승까지 기대할 수 있는 공장, 수익률의 끝판왕 원룸 건물, 현지의 실수요층이 탄탄하고 농지연금까지 노릴 수 있는 농지, 낡았지만 인테리어를 통해 가치를 끌어올릴 수 있는 오래된 주거용 물건, 위험성으로 인해 일반인들은 외면하는 특수물건까지 경매 시장에는 상상 이상으로 다양한 투자처가 존재한다. 하나하나 다 경험해보기 힘들 만큼 그 세계는 넓고도 깊다.

특히 부동산이 하락기면서 동시에 금리도 높은 시기에는 투자금이 많이 들어가거나 상대적으로 비선호 물건을 아주 저렴하게 낙찰받을 절호의 기회가 생기기도 한다. 불확실성 혹은 투자금 문제로 인해 경매 고수들도 침만 삼키고 물러서는 경우가 많아지기 때문이다. 이럴 때일수록 조급해하지 말고 꾸준히 다양한 물건들을 보며 감각을 키우고 공부하다 보면 기회는 반드시 온다. 그러니 돈 될만한 물건이 안 보인다고 답답해할 필요는 없다. 낙찰되는 물건이 어떻게 처리되고 어떤 수익을 남기는지 꾸준히 관찰하다 보면 자연스럽게 물건을 보는 안목이 생기고 투자 기준도 생기게 된다. 또한 인터넷 등을 통해 다른 사람들의 낙찰 후기를 꾸준히 보는 것도 큰 도움이 된다.

규제도 피해 가는 경매의 위력
- 은마아파트 -

화제의 경매 결과

2023년 5월 18일에 강남 재건축의 핵심인 은마아파트가 낙찰되었다. 경매로 나올 때부터 이 아파트의 상징성 때문에 언론 보도가 되는 등 주목을 받았고, 특히 '영끌 실패'의 대표 사례로 여러 차례 보도되며 큰 화제가 되었다. 경매는 두 번의 유찰 끝에 감정가의 95%인 26억 5,000만 원에 낙찰되는 것으로 마무리되었다. 입찰자는 자그마치 45명이었다. 모 경매정보사이트 기준 조회수는 3,300건이 넘었다.

○ 경매물건 조회 화면

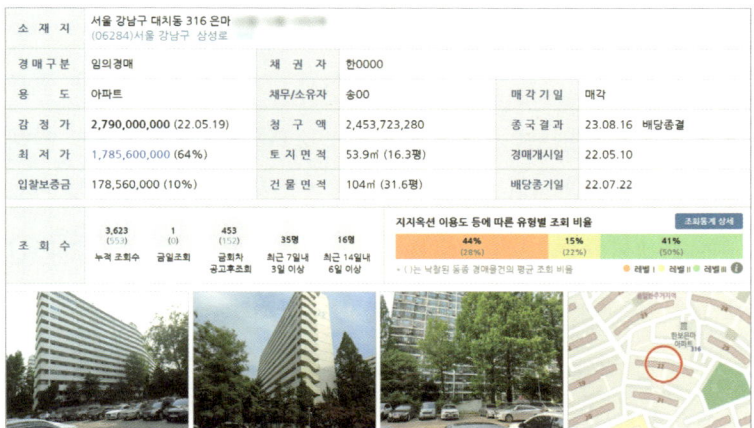

출처: 지지옥션

소재지: 서울 강남구 대치동 316 은마아파트

면적: 31.6평(104m²)

용도: 아파트

감정가: 27억 9,000만 원

낙찰가: 26억 5,288만 9,000원(95%)

매각 기일: 2023.05.18.

경매의 배경

이 아파트의 소유자(채무자)는 2022년 9월에 27억 원을 주고 이 아파트를 매입했다. 낙찰 시점인 2023년 5월을 기준으로 역대 최고가가 28억 2,000만 원이었던 점을 고려하면 꽤 높은 가격에 매수한 셈이다. 당시에는 15억 원을 초과하는 아파트에 대해 일반 금융권 대출이 제한되어 있었기 때문에 소유자는 대부업체를 통해 22억 원을 빌려 잔금을 치렀다. 그런데 2023년 1월에 다른 대부업체로 대출을 갈아타면서 1억 5,000만 원을 추가로 대출, 총 23억 5,000만 원에 달하는 대출금을 떠안게 되었다. 아파트값의 87%를 빚으로 채운 것이다. 대부업체 금리를 10% 정도로 낮게 잡더라도 매달 이자만 약 2,000만 원인 셈이다. 만약 대부업체 금리가 15%가 넘어갔다면 생각만 해도 끔찍한 수준의 이자 폭탄이었을 것이다. 결국 소유자(채무자)가 이자를 감당하지 못해 경매에 내몰렸고 아파트 관리비도 연체된 상태였다. 사실 언론 보도처럼 '영끌'의 실패 사례라기보단 도박과 다름없는 무리한 투자의 결과였다고 보는 편이 더 정확할 것이다.

높아 보이는 낙찰가

낙찰가가 얼핏 봐도 높아 보였다. 소문난 잔치에 먹을 것 없는 전형적인 사례일까?

◦ 실거래가 조회 화면

단위: 만 원

2023.05.	24억 5,000(30일, 5층) / 24억 4,500(24일, 3층) 24억 7,000(23일, 13층) / 24억 4,000(16일, 11층) 24억 2,500(11일, 13층) / 23억 5,000(9일, 3층) 24억 3,000(4일, 9층)
2023.04.	23억 3,000(20일, 1층) / 23억 2,000(13일, 4층) 23억(10일, 3층)
2023.03.	23억 9,500(30일, 8층) / 23억 8,000(25일, 9층) 24억(20일, 12층) / 22억 8,500(15일, 4층) 22억 8,000(8일, 10층)

발췌: 네이버 부동산

낙찰 시점을 기준으로 경매물건과 같은 타입의 실거래 가격은 24억 3,000만~24억 7,000만 원 정도였다. 당시 온라인 매물은 24억 원부터 시작했다. 그런데 낙찰가가 26억 5,000만 원이니 약 10%는 비싸게 산 것이다. 2등의 입찰가인 24억 원이나 3등의 입찰가인 23억 3,000만 원 정도가 적정가에 가까워 보이기도 한다.

토지거래허가구역과 조합 설립

　실거래가나 일반매물로만 이 낙찰 건을 평가하기는 어렵다. 왜냐하면 이 아파트가 위치한 대치동은 토지거래허가구역이기 때문이다. 토지거래허가구역의 경우 잔금일로부터 6개월 이내에 전입해야 하고 2년 동안 실거주해야 하는 규제가 있다. 하지만 경매는 이러한 규제 적용을 받지 않기 때문에 전세를 이용한 갭투자가 가능하다.

　또 한 가지 고려할 점은 당시 은마아파트가 조합 설립을 위한 소유자 동의서를 받고 있었다는 것이다. 대치동은 투기과열지구이기 때문에 조합 설립 전에 소유권을 확보해야 조합원 지위를 가질 수 있는 규제가 있었다.

　결론적으로 이 경매물건은 재건축조합 설립 전 갭투자가 가능한 사실상 마지막 매물이었다고 봐야 한다. 이렇게 놓고 보면 이 경매물건의 가치는 더 올라간다. 투자자의 상황에 따라서는 당시 시장에 나와 있었던 더 저렴한 일반매물보다 비록 조금 더 비싸더라도 이 경매물건이 더 알짜 매물이 될 수도 있다. 따라서 프리미엄이 붙는 것이 당연하다고 할 수 있다.

평생 써먹을 경매의 위력

나는 은마아파트 낙찰 건을 보면서 경매라는 툴의 위력을 새삼 실감했다. 경매는 정부의 강력한 규제를 우회할 수 있는 수단이 되기도 한다. 남들은 하지 못하는 갭투자를 경매로는 할 수 있게 되면서 실투자금을 엄청나게 줄일 수 있다. 이 얼마나 놀라운 일인가. 경매는 투자든 실거주든 한 번 배우면 평생 활용할 수 있는 강력한 툴이다.

○ 은마아파트 경매 법원 실제 모습

토지거래허가제를 피할 수 있는 경매의 장점

　토지거래허가제는 서울 강남구, 서초구, 송파구, 용산구 등 특정 지역의 부동산 투기를 억제하고 주택 시장 안정을 도모하기 위해 시행되는 제도다(2025년 5월 기준). 이 제도에 따라 해당 구역 내 일정 규모 이상의 주택, 상가, 토지 등을 거래할 때는 관할 구청장의 사전 허가를 받아야 한다. 특히 주택의 경우 2년간 실거주 목적의 매매만 허용되어 전세를 끼고 집을 매수하는 이른바 '갭투자'가 사실상 불가능하다. 또한 실거주 의무 외에도 자금조달계획서 제출 등 까다로운 조건이 부과된다. 하지만 경매를 통해 강남 토지거래허가제구역 내 부동산을 취득하는 경우, 다음과 같은 명확한 장점이 있다.

1. 토지거래허가 면제

가장 큰 장점은 경매를 통해 부동산을 낙찰받을 때 관할 구청의 토지거래허가를 받을 필요가 없다는 점이다. 이는 민사집행법에 따른 강제 매각 절차의 특수성 때문이다. 법원이 주관하는 경매는 투기적 거래가 아닌 채무 변제를 위한 강제집행이기 때문에 일반매매와 달리 토지거래허가 규제 대상에서 제외된다.

2. 실거주 의무 없음

일반매매와 달리 경매로 취득한 부동산에는 2년간의 실거주 의무가 부과되지 않는다. 즉 낙찰 후 직접 거주하지 않아도 되므로 세입자를 받아 전세를 놓는 등 우회적인 갭투자가 가능해진다.

3. 자금조달계획서 제출 의무 면제

토지거래허가 구역 내에서 일반매매를 할 경우 필수적으로 제출해야 하는 자금조달계획서 제출 의무가 경매 취득 시에는 면제된다. 이는 절차를 간소화하고, 자금 마련의 투명성을 증명해야 하는 부담을 덜어준다.

4. 다양한 투자 전략 가능

실거주 의무가 없으므로 경매 낙찰 후 바로 세입자를 들이거나, 임대 수익을 목적으로 활용하는 등 다양한 투자 전략을 구사할 수 있다. 이는 일반매매로는 불가능했던 투자 기회를 제공한다.

5. 경쟁 심화 및 낙찰가 상승

앞선 장점들 때문에 토지거래허가구역 내 경매물건에 대한 투자자들의 관심이 폭증하고 있으며, 실제 낙찰가율(감정가 대비 낙찰가 비율)이 100%를 넘어서는 사례도 다수 발생하고 있다. 이는 시세보다 저렴하게 취득하는 경매 본연의 장점은 다소 희석될 수 있으나, 규제를 회피하려는 수요가 그만큼 많다는 것을 의미한다.

주의사항

경매로 부동산을 취득했어도 다시 매각할 때는 여전히 토지거래허가구역 내에 있다면 토지거래허가가 다시 필요할 수 있다는 점을 반드시 고려해야 한다.

> '서촌의꿈'의 조언

값진 경험이 아닌
돈 되는 경험을 하자

 언젠가부터 유튜브와 인스타그램에 특정 광고가 집중적으로 뜨기 시작했다. 주거용 지분 경매에 관한 강의 홍보였다. 여느 광고가 그렇듯 어려운 환경에서 부자가 된 강사의 성공담이 먼저 펼쳐졌다. 그 정도는 그러려니 했지만 "소액으로 주거용 지분 경매를 하면 큰돈을 벌 수 있다"라는 광고 문구에는 의문이 들었다. 궁금한 마음에 강사의 블로그를 찾아서 기존 수강생들의 낙찰 사례를 살펴봤다. 지방의 오래된 빌라 지분을 몇백만 원에 낙찰받은 후기들이 많았다. 과연 이게 돈이 될까 하는 생각부터 들었다. 지방까지 임장을 가고 또 다른 지분권자와 협상을 하고 협상이 잘 안되면 공유물분할 소송까지 해야 하는 기회비용에 비해 벌 수 있는 수익은 너무 적어 보였다. 이걸 해서 어떻게 돈을 많이 벌 수가 있다는 건지 의문이 들지 않을 수 없었다. 이런 점 때문인지 낙찰 후기에는 수익은 적더라도 값진 경험을 얻을 수 있다는 내용이 주로 적혀있었다. 낙찰부터 매도까지 한 사이클 돌려보는 경험을 토대로 성장할 수 있다 뭐 그런 내용이었다. 참 어이가 없었다.

경매 투자는 경험이나 얻자고 하는 게 아니다. 그런 투자는 절대로 해서는 안 된다. 지분 경매 강의 광고를 처음 봤던 2022년 당시는 부동산 규제가 엄격했다. 다주택자에겐 각종 세금이 중과되었고, 비록 지분이라 하더라도 집을 보유하고 있으면 청약 등 여러 기회를 잃을 수밖에 없었다. 따라서 주거용 지분 경매를 하더라도 일정 수준 이상의 수익이 예상되는 건을 하는 게 맞다. 뭐 그리 대단한 경험이라고 생고생하며 푼돈을 바라는 투자를 한단 말인가. 법인을 만들어서 하는 투자도 대안으로 제시되었지만 법인 설립과 운영에 들어가는 수고와 세금 규제를 고려하면 이 역시 긍정적으로 보기 어렵다. 특히 지분은 공격하는 쪽보다 방어하는 쪽이 법률적으로 훨씬 유리한 측면이 있다. 협상이나 소송 상대가 관련 지식이 뛰어난 지분권자라면 투자자는 큰 어려움을 겪을 가능성이 매우 높다.

경매 초급자의 경우에는 충분히 수익이 날 것이라고 보고 입찰해도 예측하지 못했던 변수로 인해 생각보다 수익이 적을 수도 있다. 어쩌면 손해를 볼 가능성도 있다. 하물며 수익보다는 경험에 중점을 두고 하는 경매는 돌발 변수를 만나 시간적, 정신적, 경제적 손실을 안겨줄 가능성이 훨씬 클 수밖에 없다.

'값지다'의 사전적 의미는 "큰 보람이나 의의 따위가 있다"라는 것이다. 하지만 우리는 값진 경험이 아니라 돈 되는 투자를 해야 한다. 소중한 자본과 시간과 노력이 들어가는 투자는 당연히 최대한의 수익을 목적으로 해야 한다. 만약 자본금이 소액이라서 할 수 있는 경매물건이 보이지 않는다면 좀 더 꾸준히 물건을 보면서 공부하자. 혹은 자본금을 더 모아 준비된 상태로 경매투자를 준비하자. 그럴싸한 명분인 '경험'을 핑계 삼아 소중한 시간과 돈을 흘려보내지 말자.

2장

인생을 바꾸는 한방 경매

'한방'(큰 수익을 가져다줄 것으로 예측되는 투자 건)은 흔히 욕심의 산물로 여겨진다. 지나친 욕심은 결국 화를 부른다는 인식과 '과유불급'이라는 말이 떠오르기도 한다. 경매에서도 한방에 대한 부정적인 인식은 비슷하다. 큰 성과를 얻기 위해서는 목돈, 특별한 능력, 엄청난 공부, 긴 시간이 필요하다고 생각하기 쉽다. 게다가 위험하고 힘들고 복잡할 것이라는 선입견도 따라붙는다. 하지만 실제 경매에서는 이런 편견과 다르게 흘러가는 경우가 많다. 큰 건(한방)일수록 경쟁이 낮고 훨씬 더 많은 정보가 있으며 위험 또한 적은 경우도 흔하다. 작은 건이나 큰 건이나 결국 들어가는 품에는 큰 차이가 없는 경우도 많아서 오히려 큰 건을 하는 게 효율적이기까지 하다. 그리고 레버리지를 활용하면 생각보다 소액으로 가능한 경우가 많고 작은 디테일이 큰 수익으로 이어지기도 한다. 이번 장에서는 한 건으로 인생을 바꿀 수 있었던 실제 경매 사례, 즉 '한방 경매'를 소개하고자 한다.

평범한 물건 속 반전의 드라마
- 녹번 꼬마빌딩 -

경매에는 수십 대 일의 경쟁률을 기록하는 인기 물건도 많고 엄청난 수익률을 가져다주는 특수물건도 많다. 하지만 꼭 사람들의 이목을 끄는 매물이나 대단한 지식이 필요한 물건이 아니어도 돈을 벌 기회는 얼마든지 있다.

결국 경매란 감상하기 위한 것이 아니라 돈을 벌기 위한 수단이다. 나는 오히려 주변에 흔히 보이는 평범한 물건들로도 충분히 수익을 낼 수 있으며 그런 평범한 물건 속에도 나름의 드라마가 숨어 있다는 사실을 이야기하고 싶다. 개봉관 하나뿐인 독립영화가 블록버스터보다 더 큰 울림을 주기도 하는 것처럼 말이다. 그래서 이 물건을 한방 경매의 첫 사례로 뽑았다.

○ **경매물건 조회 화면**

출처: 지지옥션

소재지: 서울시 은평구 녹번동 1층, 2층

면적: 토지 25.8평(85.3m²) / 건물 39.7평(131.1m²)

용도: 상가

감정가: 4억 5,248만 원

매각가: 5억 1,480만 원(114%)

매각 기일: 2020.09.22.

    1층은 상가, 2층은 주택인 이 물건은 약 800m에 이르는 2차선 도로변의 지역 상권 중 가운데 쪽에 위치해 있다. 하지만 자세히 보면 지도상 서남측에 있는 은평구청 방향 대로변과도 멀고 북동

측에 있는 불광역과도 먼 애매한 위치다. 결국 2차선 도로 주변의 빌라촌을 상대할 수밖에 없는 한계가 있었다. 물건지 주변은 편의점과 작은 부동산중개사무소 정도가 입점해 있었을 뿐 흔한 식당 하나 찾아보기 어려운 입지다.

○ **물건 위치(좌), 경매공고 당시 사진(우)**

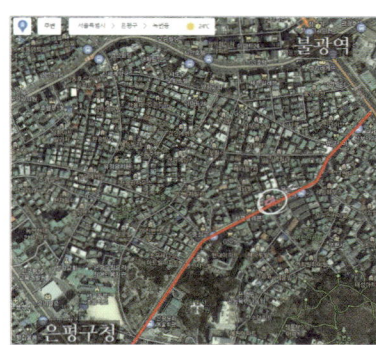 

출처: 지지옥션

○ **당시 현장 사진**

출처: 지지옥션

입지적인 한계로 인해 입찰 시점에는 대부분 공실이었다. 그뿐만 아니라 장기간 관리를 하지 않아 1층 상가의 내부 상태가 매우 좋지 못했다. 결국 C급 상권에서도 B급 입지 그리고 D급 내부 상태라고 봐도 될 물건이었다. 하지만 이 못난이에게도 나름의 핵심 장점들이 있었다.

물건의 장점

(1) 2층 주택의 낮은 감정가격

경매가 여러 이유로 지연되면서 감정평가 시점(2018.05.04.)과 매각 기일(2020.09.22.) 사이에 무려 2년 4개월의 간격이 생겼다. 2층 주택의 감정평가의 기준이 된 거래 사례는 낙찰일로부터 4년 전인 2016년 9월 거래였다. 결국 2층 주택은 약 4년간의 가격 상승을 제대로 반영하지 못한 채 감정이 되었다. 이에 따라 주택의 가격이

○ 감정평가서 발췌

나. 거래사례의 선정

[자료출처 : 등기사항전부증명서, 감정평가정보체계]

사례	소재지	건물명	층 호수	용도	전유면적 (㎡)	거래금액 (단가 원/㎡)	거래시점 사용승인일
1	녹번동 ○○○-○		제1층 -	근린생활시설	35.25	136,000,000 /@3,858,000	2018.02.21 2015.08.31
2	녹번동 △△-△	-	제3층 제000호	다세대주택	49.23	160,000,000 /@3,250,000	2016.09.13 1992.05.04

시세보다 매우 낮게 산정되었다. (2층의 감정가: 1억 6,800만 원)

(2) 근린주택이 아니라 1+1

이 물건의 또 다른 장점은 1층은 상가, 2층은 주택으로 구성된 일반적인 근린주택이 아니라 상가 1개+주택 1개로 명확히 구분된 구조였다는 점이다. 건축물대장상으로는 하나의 건물이지만 1층은 상가, 2층은 주택으로 용도가 뚜렷이 나뉘어 각각 별도의 등기부가 존재했다. 그런데 경매정보사이트에는 단순히 '상가'로 분류되어 있었다. 꼼꼼히 보지 않으면 2층짜리 근린주택이나 상가 건물로 보일 수밖에 없었다. 이것은 별것 아닌 듯 보이지만 매우 중요한 지점이다. 만약 이 경매가 일괄 매각이 아닌 개별 물건번호로 나뉘어 1층과 2층이 각각 경매로 나왔다면 시세를 전혀 반영하지 못한 2층 주택의 낙찰가율은 매우 높았을 것이기 때문이다.

○ 당시 인근 다세대 물건과 경매물건 주택(2층)의 비교표

주소	전용면적(m²)	대지권면적(m²)	거래금액(만 원)	대지권면적당(m²) 금액(만 원)	층	건축년도	거래월	비고
녹번로 ○○-○○	38.19	29.5	26,000	881	2	1986.	2020. 11.	
녹번로 △△-△	60.85	34.98	32,700	935	2	2009	2020. 10.	
녹번동 □□-□	62.07	42.66	16,800 (감정가)	394	2	1986	2020. 06. 02. (낙찰일)	본건

표에서 보듯, 인근 유사 거래 물건과 비교했을 때 당시 2층 주택의 감정가(대지권 면적 당 금액 기준)는 시세에 절반에도 미치지 못했다. 2층 주택의 시세는 감정가의 2배 수준인 3억 3,000만 원 이상이었다. 그런데도 경매정보지에는 상가로 표기되어 있고 외관은 상가를 포함한 근린주택인 탓에 안전한 주택 물건을 노리는 많은 경매인이 이 물건을 놓쳤다. 비록 일부 경매인들이 이 물건이 1+1 구조임을 파악했더라도 공실 상태인 1층 상가와 함께 일괄 매각되는 방식 때문에 쉽게 입찰에 나서지 못했을 가능성이 크다.

(3) 뛰어난 미래 가치

이 물건의 또 하나의 강점은 재개발 예정지에 포함되어 있다는 점이다. 해당 구역은 현재 불광역세권 재개발(가칭 녹번 2-2구역)로 정비구역 지정을 위한 정비계획 수립 절차를 진행 중(2024년 9월 기준)이다. 역세권으로 용적률을 500% 이상 적용받을 수 있어 사업성이 높을 것으로 관심을 모으고 있다.

(4) 낙찰 후 물건의 변화

외관은 페인트칠 등으로 살짝만 손을 봤고 1층은 깔끔하게 수리되었다. 상가는 특성상 내부 인테리어를 임차인이 하는 점을 생각하면 수리에 큰 비용이 들었을 것으로 보이지는 않는다. 곰팡이 제거와 무너진 벽체 및 천장을 수리했을 것이다.

2025년 3월 기준으로 배달 전문점, 무인 아이스크림 할인점, 작은 카페가 나란히 입점해 있다. 주변 부동산을 통해 수소문해 본 결과 1층의 월세는 한 칸당 보증금 1,000만 원에 월 약 45만~50만 원 정도다. 따라서 세 칸으로 구분된 1층 상가에서는 월 135만~150만 원 정도의 월세가 나오고 있을 것으로 추정된다.

○ **녹번 재개발 구역도**

○ 낙찰 후 수리 및 임대가 완료된 사진

빠른 매도 그리고 변화

놀랍게도 2층 주택은 낙찰 후 잔금일(2020.10.23.)로부터 불과 13일 후인 2020년 11월 5일에 감정가격의 2배가 넘는 3억 6,000만 원에 매각되었다. 2층 주택의 낙찰가 1억 9,100만 원[감정가(1억 6,800만 원)×낙찰가율(113.7%)] 기준 세전 차액은 1억 6,900만 원(3억 6,000만 원-1억 9,100만 원)이고 단기 양도세 40%(거래 당시 기준)를 고려한 세후 차액도 약 1억 100만 원에 달하는 거액이었다. 1층 상가는 본래 62m²에서 현황대로 21m² 상가 3개로 분할 등기가 되었다. 1개의 상가를 세 칸으로 나눠 쓰던 상태에서 독립된 3개의 상가가 된 것이다. 이는 재개발 상가 입주권 3개를 받을 수 있는 상태가 된 것을 의미한다. 그리고 낙찰자는 남은 1층 상가 3개를 담보로 약 2억 1,500만 원의 대출을 받았다. 이를 기준으로 투자금 및 수익을 계산해 보면 다음과 같다.

실투자금		수익	
구분	금액	구분	금액
총낙찰가(A)	5억 1,480만 원	월 대출이자(ㄱ) (5% 기준)	90만 원
1층 및 2층 취득세(B)	1,500만 원	월세(ㄴ)	150만 원
1층 상가부분 추정 수리비(C)	1,500만 원	월수익(ㄷ) [ㄷ=ㄴ-ㄱ]	60만 원
2층 주택부분 매매가(D)	3억 6,000만 원	연수익 (ㄹ) [ㄹ=(ㄷ×12)]	720만 원
2층 주택부분 양도세(E)	6,760만 원		
1층 상가부분 대출 총액(F)	2억 1,500만 원		
1층 상가부분 보증금 총액(G)	3,000만 원		
실투자금(H) [H=A+B+C-D+E-F-G]	740만 원		

| 월세 및 상가 보증금은 추정함, 취득세는 낙찰자 주택 수에 따라 차이가 있을 수 있음.

낙찰자는 실투자금 740만 원으로 신축아파트 상가로 변신할 재개발 아파트 상가 3개를 보유하게 되었다. 한 달에 60만 원을 월세로 받는 현금 흐름을 창출하면서 말이다. 실투자금 대비 연간 수익률은 97.3%다.

재개발 구역 물건의 미래

낙찰받자마자 매각되어 큰 수익을 안겨준 2층 주택을 제외한 나머지 1층 상가의 미래 가치는 얼마나 될까? 아직 구체적인 재개발 계획이 나온 것이 아니라서 정확한 미래 가치를 판단하기는 어렵다. 다만 인근 2,500세대 규모의 '녹번역이편한세상캐슬(2020년 입주)' 단지 내 스트리트 상가의 거래 사례를 통해 추정해 볼 수는 있다.

'녹번역이편한세상캐슬' 상가의 경우 전체 상가 중 B급 입지의 전용면적 12평 스트리트 상가가 7억 원(월세 200만 원) 정도에 거래되었다. 이를 대지권 면적당 가격으로 환산하면 $1m^2$당 3,181만 원이다. 경매물건의 분할된 상가 1개의 대지권 면적이 $14.4m^2$임을 고려하면 상가 1개의 가치는 약 4억 5,000만 원(3,181만 원×$14.4m^2$) 정도다. 총 3개이므로 13억 5,000만 원(4억 5,000만 원×3)을 경매물건의 총 미래 가치라고 추정해 볼 수 있다. 물론 추가분담금 등이 발생할 수 있다는 변수는 있다.

우리 주변에서 흔히 볼 수 있는 물건으로 낙찰자는 낙찰 후 한 달 만에 세후 1억 원 이상의 차액을 남기고 인서울 상가 3개를 몇백만 원으로 가지게 되었다. 이런 투자에 필요한 건 대단한 경매 공부나 법적 지식이 아니다. 그저 남들보다 물건을 좀 더 꼼꼼히 보고 현지 시세를 확인하는 섬세함, 내부 수리를 해내는 실행력, 짧은 공실을 두려워하지 않는 용기 정도면 충분하다. 이러한 투자를 이뤄낸 85년생 이 모 씨(낙찰자)에게 심심한 경의를 표한다.

등잔 밑이 어둡다

애초에 녹번동 상가+주택 물건에 관심을 두게 된 이유는 딱 하나였다. 바로 집 근처였기 때문이다. 개인 사정으로 2년 정도 인근 아파트에 거주했을 때 접한 경매물건이었다. 고백하자면 나 역시 처음에는 이 물건의 가치를 몰라봤다. 평범한 상가주택 물건으로 생각했고, 재개발 예정지라는 것도 낙찰 후에 알게 되었다. 거의 매일 경매물건을 검색하면서도 걸어서 5분 거리에 있는 보석 같은 매물에는 눈이 어두웠다. 그리고 내 주변에서 일어나고 있는 개발의 바람조차 모르고 있었다.

'등잔 밑이 어둡다'라는 속담처럼 우리는 우리 주변에서 발생하는 많은 경매물건을 놓치고 있다. 대박을 가져다줄 물건은 결코 멀리 있지 않다. 사는 집이나 경제활동을 하는 지역의 매물에 꾸준히 관심을 가져야 한다. 주택, 상가, 토지 등 관심 분야를 굳이 특정하지 말고 가까운 거리에 있는 경매물건들을 꾸준히 모니터링 해보기를 권한다. 임장도 가보고 모의입찰도 해보고 낙찰 이후의 변화도 살펴봐야 한다. 이것보다 더 확실하고 쉬운 경매 공부는 없다.

한방에 월 1,000만 원 수익
- 수원 원룸 건물 -

　경매와 사업은 궁합이 잘 맞다. 상가를 저렴하게 낙찰받아 직접 사업을 하기도 하고 오래된 주택을 낙찰받아 리모델링해 공유숙박업을 하는 경우도 있다. 이처럼 경매와 사업의 시너지 효과가 가장 극대화되는 게 바로 원룸 건물 경매다. 원룸 건물은 한 번에 다수의 호실을 임대사업할 수 있어, 떨어진 여러 곳을 임대하는 것보다 관리와 비용 면에서 유리하다. 또한 빌라나 아파트처럼 대지를 공동으로 소유하는 게 아니라 건물 전체와 그에 딸린 대지를 통으로 소유한다는 것도 장점이다. 이러한 원룸 건물 낙찰 사례 중 인상적이었던 건을 살펴보겠다.

○ 경매물건 조회 화면

출처: 지지옥션

소재지: 수원시 영통구 원천동

면적: 토지 85.9평(283.96m²) / 건물 317평(1,047.93m²)

용도: 고시원

감정가: 19억 1,572만 7,280원

매각가: 16억 8,750만 원(88%)

매각 기일: 2020.07.17.

주의 사항: 위반건축물

이 원룸 건물은 등기부상 고시원으로 등록되어 있었지만 실제로는 한 호실당 7평 정도의 원룸 36개로 구성되어 있었다. 배후에는 대기업이 있었고 주 고객 역시 대기업 소속 직원이나 거래처 직원들이었다. 2015년에 사용 승인을 받았으니 매각 기일(2020.7.17.)을 기준으로 약 5년 정도가 지난 건물이었다. 1인 가구를 대상으로 하는 비슷한 크기의 인근 원룸 중에서 노후도, 크기, 위치 등에서 최고의 경쟁력을 가지고 있었다. 그래서 인근에서는 월세도 가장 높았고 공실률 또한 낮았다.

◦ **물건지의 위치**

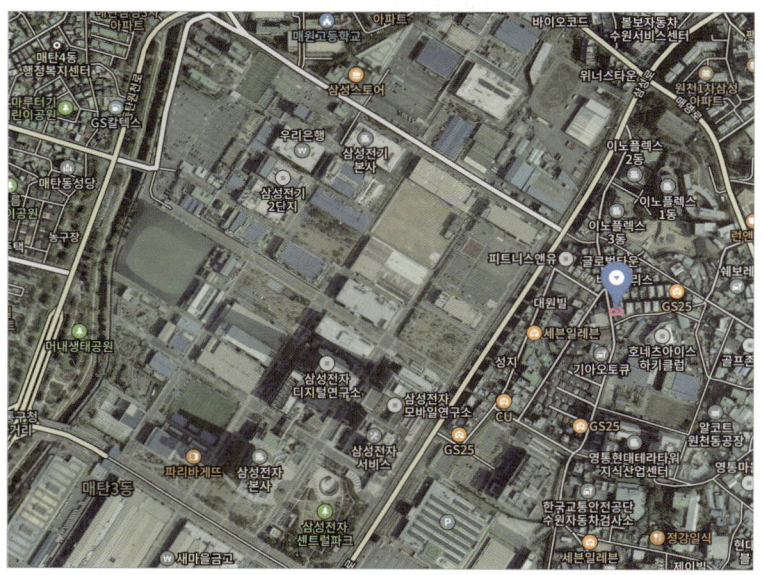

출처: 카카오맵

경매의 사연

경쟁력을 가지고 있는 원룸 건물이 왜 경매에 나온 걸까? 경매물건은 '글로벌타운'이라는 이름으로 한 거리에 줄지어 지어진 10개의 원룸 건물(고시원) 중 하나였다. 이 건물들의 건축주는 불법용도변경도 서슴지 않았고 세입자들의 전세보증금을 가지고 도주한 사기꾼이었다. 경찰의 수사 과정에서 인허가 비리도 밝혀져서 공무원 몇 명이 파면되기도 했다. 대출로 지어진 건물이다 보니 연체가 시작되자 10개의 건물이 하나씩 경매에 부쳐지기 시작했다.

◦ 임장 사진

전세금을 높게 받은 다음 이를 편취할 목적으로 지어진 것이라서 그런지 외관은 의외로 멀쩡했다. 엘리베이터 앞에는 고급주택에나 있을 법한 커다란 샹들리에가 있었고 각 호실의 상태도 훌

륭했다. 하지만 역시나 건물주가 관리를 소홀히 한 탓인지 옥상에는 방치된 건축 자재가 있었고 건물 뒤쪽 벽에는 금이 가 있었다. 하지만 실제 임차인이 사용하는 공간들은 비교적 깔끔하게 유지되고 있었다.

◦ **임장 사진**

전체적인 건물 관리는 위탁업체가 하고 있었는데, 그래서인지 내부 청소 상태도 좋았고 엘리베이터도 잘 관리되고 있었다. 무엇보다 풀옵션에 원룸의 크기도 크고 내부 상태도 좋다 보니 임대수요는 넘친다는 것을 어렵지 않게 확인할 수 있었다. 호실당 6,000만~7,000만 원 정도의 보증금을 내고 들어온 원룸 세입자들은 모두 후순위라서 보증금을 날릴 수밖에 없는 처지였다. 낙찰을 받는다면 이들 대부분이 명도 대상이었다. 그리고 일부 임차인은 수익 극대화를 위해 월세로 전환해야 했다.

낙찰 이후

　총 5명이 경합해 16억 8,750만 원에 낙찰되었고 낙찰가율은 88%였다. 낙찰자는 이후 옥상 방수 공사 등을 진행했으며 낙찰 6개월 후인 2021년 1월에 위반건축물 문제를 해결했다. 낙찰자는 신탁 대출을 진행했는데 대략 80~85% 수준까지는 대출이 가능했을 것이다. 사전에 내가 확인할 때도 그 정도 수준은 문제없었다. 그리고 명도를 마치고 신규 임차인을 맞이했다.

　2년 정도 후 다시 확인해 보니 월세가 크게 올라 있었다. 보증금 300만 원에 월 35만 원 수준이던 월세는 2023년 3월 기준으로 보증금 500만 원에 월세 50만 원이었다. 그리고 관리비는 호실당 8만 원이었다. 이 가격은 2025년 초까지 큰 변동 없이 유지되고 있다.

○ 매물 사진(2025년 1월)

출처: 네이버 매물 사진

수익 분석

투자금 및 수익을 계산해 보자. 낙찰가와 수리 및 명도비용을 더한 뒤, 대출금과 임차인들이 낸 보증금을 뺀 금액이 실투자금(세금 제외)이 된다.

○ **실투자금 계산표**

구분	금액	비고
낙찰가(A)	16억 8,700만 원	
대출(B)	14억 3,000만 원	낙찰가의 85%
수리 및 명도비용(C)	2,000만 원	추정
보증금(D)	1억 8,000만 원	500만 원 × 36호실
실투자금 총계(A-B+C-D)	9,700만 원	

월 추정 수익은 얼마일까? 월세 및 관리비 수입에서 건물 관리비용과 대출이자를 뺀 금액이 추정 수익이 된다.

정리해 보면 대략 9,700만 원 정도의 실투자금을 가지고 월 1,200만 원 가량의 수익이 발생한다는 계산이 나온다. 물론 만실을 기준으로 한 것이므로 임대차 만료 후 세입자를 구하는 과정에서 일부 공실이 생길 수 있지만, 보수적으로 보더라도 월 1,000만 원 수준의 수익이 가능할 것으로 추정된다. 그야말로 한방 경매의 전형이다.

○ **월 추정 수익표**

구분		금액	비고
월 수입 (만실 기준)	월세	1,800만 원	50만 원×36실
	월 관리비	288만 원	8만 원×36실
	월 수입 합계(A)	2,088만 원	
월 지출	건물 관리 비용	150만 원	전기, 수도, 청소, 승강기, 인터넷 등
	기타비용	100만 원	입주 청소, 도배, 중개수수료, 잡비
	대출이자	600만 원	이자율 5% 기준
	월 지출 합계(B)	850만 원	
월 추정 수익(A-B)		1,238만 원	

아직 끝나지 않았다. 더 큰 대박이 기다리고 있을지도 모른다. 물건이 위치한 지역은 도시지역이면서 일반공업지역인데 일부 건물들을 제외하면 낙후된 측면이 있었다. 그래서 임장 당시에도 지역 활성화를 위한 개발 계획이 어느 정도 예정되어 있었다. 그런데 말만 많던 계획이 2022년 5월 드디어 구체화되기 시작했다.

대규모 개발 계획의 전 단계인 개발행위허가 제한지역으로 지정된 것이다. 수원시에서 매탄동·원천동 공업 지역 활성화를 위한 첫 걸음을 뗀 셈이다. 민관 합동 개발이라는 것 외에는 아직은 드러난 것이 적은 상황이다. 이후 2024년 초에 이 고시원이 있는 원천동 지역만 개발행위허가 제한이 해제되었지만 장기적 관점에서 개발 계획의 영향권 내에 있는 것만은 분명하다.

◦ 토지이용계획 화면

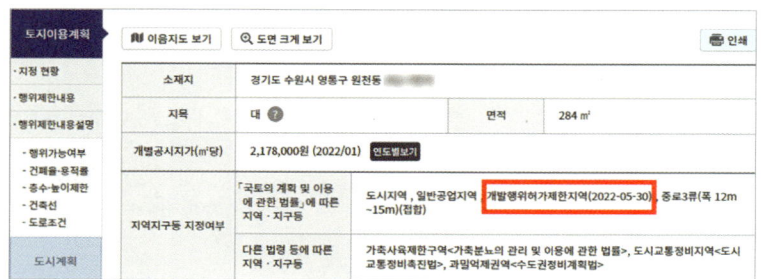

출처: 토지이움

두려움에 대해

자그마치 36호실을 관리해야 한다는 게 부담스럽거나 두려울 수 있다. 특히 다른 직업이 있다면 더욱 그럴 수 있다. 사실 월 1,000만 원이 넘는 수익이 발생한다면 퇴직을 고려해 볼 만하다. 퇴직이 어렵거나 육아 등 다른 일로 바쁘다면 건물 관리 업무를 업체에 위탁할 수 있다. 관리 업무를 완전히 위탁하는 경우 대략 200만~250만 원 정도가 든다. 그래도 월 800만~900만 원을 벌 수 있다.

또 보증금을 날리게 된 30명이 넘는 세입자를 명도해야 하는 게 두려울 수도 있다. 그러나 내 경험상 멀쩡한 직업을 가지고 있으면서 원룸 보증금으로 수천만 원을 낼 수 있는 사람들은 명도 난이도가 낮은 편에 속한다. 물론 실제 명도 과정에서 소위 '진상'을 만나거나 예기치 못한 상황이 발생할 수 있다. 36명의 임차인을 상대해야 하는 책임의 무게도 결코 가볍지 않다. 누수나 동파, 세입자 간의 다툼, 각종 사건·사고 등으로 골머리 썩는 순간도 있을 것이다. 처음 이런 상황들을 접하면 당황스럽고 힘들 수 있다. 그러나 세상만사가 대부분 그렇듯 겪고 나면 충분히 할 만한 것들이다. 돈을 벌고 인생을 바꾸고자 한다면 그 정도는 감수해야 한다. 무엇보다 이왕 겪을 일이라면 오래된 빌라 소유주보다는 건물주로 겪는 게 훨씬 낫다.

신데렐라가 된 맹지
- 울산 토지 1편 -

　예능 프로그램 〈아는 형님〉에 지석진이 출연해 19년 전 3억 5,000만 원에 산 땅이 지금도 같은 가격이라며 '웃픈' 스토리를 들려줬다. 대로변에 붙은 토지를 샀는데 알고 보니 대로와 자기 땅 사이에 가늘고 긴 남의 땅이 있었다는 것이다. 결국 맹지(도로에 접하지 않아 단독으로는 출입이 어려운 땅)를 산 것이었다. 지석진의 토지가 거래되려면 앞 토지가 필요하다. 앞 토지도 면적이 작고 길쭉해서 단독으로는 재산 가치가 크지 않아 뒤쪽 지석진의 토지가 함께 있어야만 실질적인 가치가 생긴다. 그래서 두 토지의 소유자가 서로의 눈치를 보며 거래를 미루고 있다는 이야기였다.

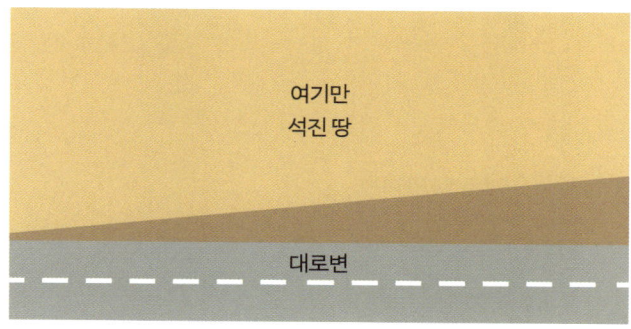

 지석진의 사례와 매우 비슷하지만, 그 결말은 전혀 달랐던 맹지 경매 사례를 하나 살펴보자.

○ 경매물건 조회 화면

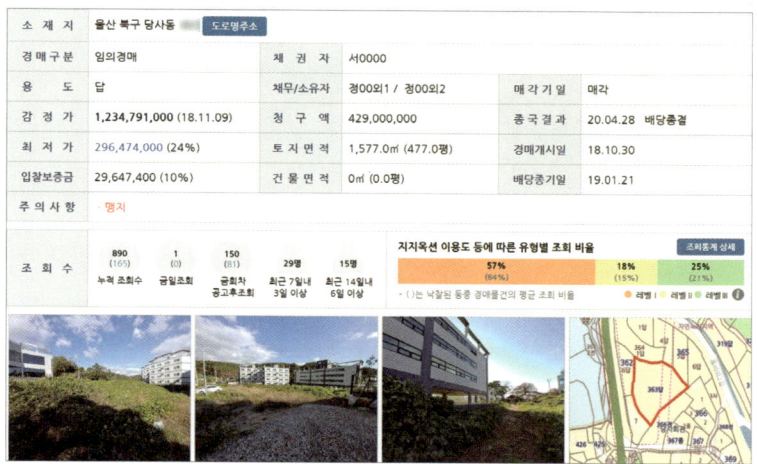

출처: 지지옥션

소재지: 울산 북구 당사동

면적: 477평(1,577m²)

용도: 답(밭)

감정가: 12억 3,479만 1,000원

낙찰가: 4억 3,400만 원(35%)

매각 기일: 2020.02.13.

○ **경매물건과 앞쪽 땅 모습**

 마름모 모양의 약 477평인 이 토지(A)는 동해안의 항구인 울산 당사항 인근에 있다. 지목은 '답(밭)'이지만 현황은 잡종지처럼 사용되고 있었다. 그리고 매우 가까운 곳에 2차선 도로가 지나고 있다. 그러나 도로(초록색 선)와의 사이를 B(파란색 원)가 가로막고 있는 완벽한 맹지였다. 토지의 상황은 앞서 본 지석진의 사례와 매우 비슷했다. 뒤쪽 토지는 넓지만 맹지고, 앞쪽 토지는 도로와 접하고 있지만 작고 길쭉한 '못난이' 땅이었다. 그러나 이 토지는 장점도 많았다. 대도시인 울산의 주거 지역에 있는 데다가 바닷가 인근이라 카페, 펜션 등 활용도가 높은 땅이다. 실제로 이 물건지 바로 옆에 대형 카페가 있다. 한쪽에는 산이 있고 반대쪽에는 울산 앞바다가 펼쳐진 동해안로 인근이라는 점도 큰 장점이었다. 무엇보다 감정가격의 24%까지 유찰된 것이 매력적이었다. 평당 259만 원의 토지가 최저입찰가 기준 평당 62만 원까지 떨어졌다.

이처럼 겉으로 드러나 있는 이유 외에도 이 물건이 매력적으로 보였던 이유는 또 있었다. 첫째는 2012년에 3억 3,000만 원에 거래된 이력이 있었다는 점, 둘째는 같은 시기에 3억 원 이상

○ **물건지 주변 항공뷰**

출처: 카카오맵

의 금융권 대출이 실행된 점이었다. 최저입찰가가 8년 전 거래가 보다도 낮다는 사실은, 이 물건이 매력적인 가격대까지 떨어졌다는 지표로 해석할 수 있었다. 또한 3억 원 이상의 금융권 대출 이력은 낙찰 후 최소 그 정도의 대출은 받을 수 있다는 합리적인 추정을 가능하게 하는 지표였다. 즉 레버리지를 활용하면 투자금을 크게 줄일 수 있는 물건이었다.

채무자는 왜 맹지에 수억 원을 투자했을까?

이쯤 되면 한 가지 궁금한 점이 생길 수 있다. 경매 시점보다 8년 전에 3억 3,000만 원이라는 거금을 주고 이 물건을 산 세 명의 공유자는 도대체 어떤 목적으로 투자를 했던 것일까? 세 명의 투자자가 8년 만에 갑자기 자금 사정이 함께 나빠진 것인가? 경매 시점인 2020년은 대출 금리가 역대 최저 수준이던 시기였는데 말이다. 그 답은 토지이용계획에 나와 있었다.

이 물건은 2005년과 2012년에 거래가 된 이력이 있다. 2005년은 '당사금천지구'라는 지구단위계획 구역이 최초로 고시된 해였다. 당시 계획에는 주거 지역, 공원, 경관 녹지 등이 포함되어 있었다. 또한 2012년은 본 물건을 가로지르는 도로가 생기는 것으로 지구단위계획이 변경된 해였다. 과거 거래 시점을 보면 개발에 대한 기대를 하고 있었다는 점을 충분히 추정할 수 있다.

특히 이 물건을 가로지르는 도로가 생기는 개발 계획 고시는 보상금을 받는 것과 동시에 맹지 상태에서도 벗어날 수 있다는 점에서 큰 의미가 있다. 그야말로 거지가 왕자로 바뀌는 수준의 혁신적인 변화라 할 수 있다. 물론 계획이 실제로 이뤄지기만 한다면 말이다. 하지만 8년의 기다림에도 지구단위계획은 실행될 기미가 보이지 않았다. 물건을 공동으로 소유했던 투자자들 사이에 갈등이 발생했을 가능성도 있다. 대출을 고의로 연체해 경매를 의도적으로 유도했을 수도 있고, 혹은 어쩌다 보니 연체되었고 이를 굳이 해결하지 않은 채 방치했을 수도 있다. 경매로 나온 이유가 무엇이든 간에 개발을 기대한 그들의 투자가 실패로 끝났음은 분명하다.

낙찰 이후

여러 장점에도 불구하고 맹지라는 치명적인 단점 때문에 이 물건은 4회 유찰 끝에 35%에 낙찰되었다. 가격이 매우 저렴했기 때문인지 총 23명이 입찰에 참여했다. 낙찰자는 법인이었으며 낙찰가는 4억 3,400만 원이었다. 낙찰가율은 낮았지만 낙찰가는 농지치고는 매우 고가였다. 이 맹지를 수억 원 주고 낙찰받은 법인의 의도는 무엇이었을까? 그 의도는 낙찰일로부터 약 한 달 후인 잔금일에 드러났다. 낙찰자는 도로 쪽을 막고 있는 앞 땅을 경매 잔금일에 함께 매입했다. 맹지에서 화려하게 탈출한 것이다. 낙찰자는 입찰 전에 앞 땅 소유자와 매수 계약을 체결했을 것이다. 경매물건(뒤땅)을 낙찰받는 것을 전제로 한 조건부 계약이었을 가능성도 있다. 낙찰받은 법인은 신생 부동산 법인이었고 낙찰 후 신탁대출을 받았다.

낙찰된 A(477평)와 앞 땅 B(150평)는 그렇게 합필되었다. 하나의 땅으로 합쳐져 2차선 도로를 접한 585평의 토지로 재탄생한 것이다. 참고로 이웃 빌라의 부지로 쓰이던 약 40평의 자투리 땅은 다시 분리되었다.

이 토지의 가치는 얼마일까?

낙찰자가 앞 땅을 매입한 가격은 평당 400만 원이었다. 경매물건의 낙찰가는 평당 약 91만 원이었다. 그렇다면 합쳐진 토지 전체가 2차선 도로를 접하게 되었으므로 전체 토지의 가격이 앞 토지의 거래가인 평당 400만 원 수준으로 형성되었다고 볼 수 있을까? 순식간에 낙찰가보다 4배 이상 가치가 오른 셈일까? 결론은 '그렇다'이다. 낙찰 이전인 2019년, 2020년, 2021년에도 2차선 도로를 끼고 있으면서 위치와 지목 등이 매우 유사한 인근 토지 다수가 평당 400만~430만 원에 실제 거래되었기 때문이다.

평당 91만 원에 낙찰받은 토지 477평이 평당 400만 원으로 가

○ 인근 유사 매물 거래 사례(노란 별표),
  낙찰후 앞땅과 합쳐진 경매물건 위치(빨간색 선)

치가 변했다. 결과적으로 낙찰자는 14억 7,000만 원 정도[(400만 원-91만 원)×477평=14억 7,393만 원]의 가치 상승을 이뤄냈다. 실투자금은 얼마나 들었을까? 앞 토지를 매입하는 데 6억 원, 뒤 토지 낙찰가는 4억 3,400만 원, 총 구매 금액은 10억 3,400만 원이다. 그리고 초기 투자금의 대부분은 대출로 회수한 것으로 보인다. 낙찰자는 토지 구매 후 1년 2개월 뒤 신탁 대출을 받았는데, 통상 신탁 대출은 일반 대출보다 실행 비율이 높기 때문이다. 특히 토지 대출은 대게 감정가를 기준으로 하게 되는데 필지를 합해 맹지에서 탈출한 이 토지의 감정가 역시 매우 높았을 것이다. 결국 4번이나 유찰된 이 인기 없는 못난이 맹지는 화려하게 변신했다. 신데렐라가 공주가 된 것처럼 극적으로 말이다. 찬사를 받아 마땅한 맹지 투자였다.

큰 수익을 얻다

낙찰 후 합쳐진 이 토지는 2023년 7월에 20억 5,000만 원에 매각되었다. 낙찰일로부터 3년 5개월 정도가 지난 시점이었다. 평당 거래가는 350만 원이었다. 급매 수준의 거래로 보인다. 낙찰자가 경매 및 매매로 구매한 총가격이 10억 3,400만 원이었으므로 3년 5개월 만에 세전 10억 1,600만 원의 수익을 얻었다. 낙찰자(매도인)가 대출을 통해 투자금을 대부분 회수했던 점을 고려하면 수익은 더욱 크게 느껴진다.

○ **실거래 내역**

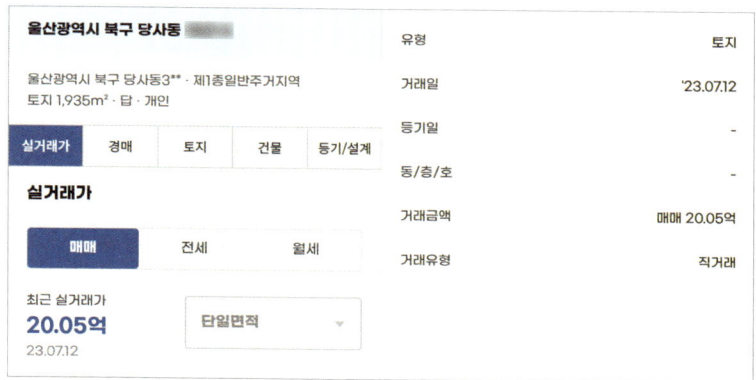

출처: 디스코

신데렐라가 된 맹지
- 울산 토지 2편 -

 울산 맹지 경매의 경우, 앞 땅을 거액을 주고 사는 것 외에는 다른 탈출구가 없었을까? 좀 더 적은 투자금으로 수익을 올릴 방안은 없을까? 만약 앞 땅을 사는 게 아니라 농기계 출입이 가능하도록 이용 동의서만 받을 수 있다면(사용료 일부를 부담하더라도) 농지연금을 활용한 투자도 가능하다.

울산 당사동 토지의 플랜B

만약 앞 땅을 구입하지 못해서 맹지를 탈출하지 못했다면 어떻게 해야 할까? 당사동 경매물건의 지목은 '답'이다. 이 지목에 답이 있다. 바로 농지연금을 '플랜B'로 활용하는 것이다. 사전에 농지연금 자격을 갖추고, 앞 땅 소유주로부터 농기계 출입이 가능하도록 이용 동의서를 받을 수 있다면 낙찰 후 2년 뒤부터 농지연금으로 받을 수 있는 금액은 다음과 같다.

○ 예상연금조회 결과

⚠ 기준나이 : 60세, 농지평가금액 : 1,111,000,000원

예상 농지연금 조회 결과

구분	종신형		
	종신정액형	전후후박형 (70%)	수시인출형 (30%)
월지급금	3,000,000 (저소득층:3,000,000) (장기영농인:3,000,000)	3,000,000(전) 3,000,000(후)	2,121,280 (수시인출금:217,000,000)

출처: 농지은행 사이트

60세 기준으로, 수시인출형으로 신청할 때 2억 1,700만 원을 수시인출금으로 한 번에 받고, 매월 월 지급금으로 212만 원을 받게 된다. 낙찰가가 4억 3,400만 원임을 고려하면 투자원금은 낙찰가의 절반인 2억 1,700만 원(4억 3,400만 원-2억 1,700만 원)으로 줄어들고 연간 2,544만 원(212만 원×12개월)을 받게 된다. 투자금 대비 연간 수익률은 약 11.7%[(2,544만 원/2억 1,700만 원)×100]다.

충분히 훌륭한 수익률이다. 죽을 때까지 나오는 확정적인 수익이라는 점을 생각하면 더욱 그렇다. 하지만 디테일을 조금 더 하면 수익을 극대화할 수 있다. 바로 농지연금 자격을 갖춘 2인이 공동 낙찰을 받은 후 이 토지를 절반씩 나눠 등기하는 것이다. 2인 공동 낙찰 후 토지를 절반씩 분할하는 경우를 시뮬레이션해 보자. 분할되었으므로 농지 평가 금액을 경매감정가의 1/2로 놓는다. 이 경우 1인당 수시인출금은 1억 2,600만 원이 되고, 매월 123만 원을 받는다. 두 사람 기준으로 보면 수시인출금은 총 2억 5,200만 원(1억 2,600만 원×2), 월 지급금은 246만 원(123만 원×2)으로 연간 2,952만 원(246만 원×12개월)을 받게 된다. 초기 투자금은 4억 3,400만 원(낙찰가)에서 수시인출금 2억 5,200만 원을 뺀 1억 8,200만 원이 되고, 투자금 대비 연간 수익률은 약 16.2%다.

60세부터 매년 16.2%의 수익률이라는 건 66세에 투자 원금이 대부분 회수된다는 의미다. 이후 72세에 2배, 78세에 3배, 85세에 4배의 수익이 누적된다. 대략 평균 수명 85세로 계산하면 투자 원금의 4배인 7억 2,800만 원을 벌게 되는 것이다.

플랜B가 웬만한 플랜A를 능가하는 수준이다. 농지연금은 그 자체로도 뛰어난 투자 수단일 뿐 아니라, 토지 투자의 영역을 확장해주는 전략적 자산이기도 하다. (농지연금에 대한 세부 내용은 6장에서 상세하게 다루겠다.) 감정가가 매우 높은 경우에는 공동 낙찰 후 분할을 하는 게 효율적이다. 농지연금에는 인당 한도가 존재하기 때문이다. 다만 모든 토지가 반드시 분할 가능한 것은 아니므로 주의가 필요하다. 무분별한 쪼개기를 막기 위해 법률상 최소분할면적을 두기도 하고 때론 분할이 금지되기도 하므로 입찰 전에 시군 구청에 문의하자. 참고로 토지의 최소 분할 면적은 다음과 같다.

○ **토지 최소 분할 면적**

구분	주거지역	상업지역 공업지역	녹지지역	개발제한 지역	기타지역	농업생산기반 사업이시행된 농지
면적	60m²	150m²	200m²	200m²	60m²	2,000m²

'서촌의꿈'의 조언

자신이
잘하는 걸 하면 된다

　부동산 투자를 많이 해보지 않았어도 누구나 잘하는 게 있기 마련이다. 자신의 강점을 스스로 잘 모르는 경우가 많을 뿐이다. 『오타니 쇼헤이의 쇼타임』의 저자 고다마 미쓰오는 오타니의 성공 비결을 다방면으로 분석했다. 그는 잘하는 일과 좋아하는 일 그리고 돈이 되는 일, 이 3가지의 교집합을 찾은 것을 오타니의 성공 비결 중 하나로 꼽았다. 자신이 잘하는 일은 좋아하게 되기 쉽고 좋아하는 일은 꾸준히 몰입할 수 있기 때문에 더 잘하게 된다. 오타니에게 야구가 그런 일이었다. 우리도 오타니처럼 잘하는 일 가운데 돈이 될 만한 것을 발견할 필요가 있다. 예를 들어 한 지역에 오랫동안 살아온 사람은 지역의 특성을 잘 알고 있을 수 있고, 사업가는 상권 분석을 잘할 수도 있다. 인테리어를 잘하는 사람은 리모델링으로 부동산의 가치를 크게 높일 수 있다.

    나는 시골 출신이다. 그리고 부모님이 살고 계신 시골에 부모님을 위한 주택을 지어드리려 한 적이 있다. 그런데 적당한 땅을 구하기가 쉽지 않았다. 시골은 매수하려는 사람도 많지 않지만 팔려는 사람은 더 없기 때문이다. 어쨌든 내가 어렸을 적 오래 살았던 곳이기도 하고 몇 년간 땅을 알아보다 보니 자연스럽게 시세와 수요에 밝아졌다. 그래서 경매나 공매 물건을 검색할 때도 내 고향 쪽은 빠짐없이 확인했다. 지역을 잘 알고, 시세도 빠삭하고, 경매로는 어느 정도 선에서 낙찰되는지도 파악하게 되니 그 지역의 부동산을 보는 안목이 생겼다. 한두 번 경매 입찰에서 패찰도 했다. 그러다 도로에 접한 예쁜 땅이 초급매로 나온 것을 발견하고는 빠르게 매수했다. 매수한 지 3년 정도 지났는데 지금 시세는 약 2배 정도 올랐다. 그리고 지금도 자금 여유와 관계없이 고향 쪽 경매물건은 꾸준히 살펴보고 있다.

    공장을 운영하거나 창고를 사용해 본 사람은 고속도로나 주요 도로에 가까운 공장용지의 가치를 다른 사람보다 잘 파악할 수 있다. 또 토지나 건물을 자신의 사업을 위해 직접 활용한다면 투자와 실수요를 동시에 충족시킬 수 있으니 엄청난 강점이 된다. 평범한 직장인이라면 출퇴근길에 매일 지나는 지역이나 점심을 자주 먹는 회사 근처 상권에 대해 잘 알게 되기 마련이다. 따라서 해당 지역의 경매물건을 살펴보는 것은 경매 투자의 기본이 된다.

또 자신이 졸업한 대학 근처의 빌라나 오피스텔을 노리는 것도 좋은 방법이다. 대학가 주변에서 몇 년을 거주하면서 자취를 했던 경험이 투자에 큰 도움이 되기 때문이다.

디자인 관련 일을 하거나 건축 관련 식견이 높은 편이라면 반지하 혹은 구축을 낙찰받아서 리모델링하는 것도 좋은 전략이 된다. 보증금과 월세를 받아 수익형으로 운영할 수도 있고, 단기 매도로 차익을 실현할 수도 있다. 경쟁자보다 더 적은 비용으로 높은 수준의 인테리어가 가능하기 때문에 상대적으로 더 높은 낙찰가를 써도 수익을 남길 수 있다.

우리는 의외로 자신이 전문가인 분야나 지역을 놓치곤 한다. 나 역시 집안 사정상 2년 정도 머물렀던 지역의 경매물건에 크게 관심을 두지 않았다. 해당 지역의 가치를 낮게 평가했기 때문이었다. 일종의 선입견이 있었던 셈이다. 하지만 지나고 보니 거주지에서 걸어서 몇 분 거리에 인생을 바꿀만한 좋은 물건도 있었고 시세보다 훨씬 싸게 경매로 매입이 가능했던 재개발 물건들도 있었다는 것을 알게 되었다. 우리는 전문가나 주변의 부동산 고수가 특정 지역이 유망하다고 하면 해당 지역 물건에 관심을 가지곤 한다. 아니면 투자 유망 지역을 찾기 위해 전문가의 조언을 구하기도 한다. 하지만 누구나 스스로가 전문가이자 고수인 지역이나 분야를 하나쯤은 가지고 있다. 지금 당장 경매정보사이트의 지도 검색 기능을 활용해 자신이 잘 아는 지역에는 어떤 물건이 나오는지 챙겨보자. 상가, 공장, 창고, 토지 등등 자신이 다른 사람들에 비해 더 잘할 수 있는 분야를 고민해 보고 찾아보자. 반드시 있을 것이다. 언제나 말하듯 수익은 대단한 지식에서 나오는 게 아니라 디테일에서 나온다는 것을 잊지 말자.

3장

실패 없는 토지 경매

'땅'이라는 말은 참 오묘하다. 우리가 밟고 사는 지구의 겉면에 대한 단어일 뿐이지만, 현실에서는 사전 속 정의처럼 단순하고 건조하게만 느껴지지 않는다. 욕망과 기회, 그리고 도사리는 위험 등등이 동시에 느껴지는 단어다. 아마도 미디어를 통해 땅 투기, 땅 부자, 알박기 등 반복적으로 접한 탐욕의 사례들이 각인되어 있기 때문일 것이다. 법원 경매에서는 일반적으로 '토지'라는 용어를 더 많이 사용하지만 '땅'이라는 단어가 주는 직관적이고 감각적인 느낌은 쉽게 대체하기 어렵다. 다만 이 책은 경매를 다루고 있으니 가능한 한 '토지'라는 표현을 사용하려고 한다.

많은 사람들이 토지 투자를 어렵게 느낀다. 그러나 실제로는 간단하고 명료하며, 동시에 실패 확률도 낮은 경우가 많다. 특히 경매를 통한 토지 투자에서는 더욱 그렇다. 이번 장에서는 리스크는 낮고 수익은 안정적인 토지 경매의 실제 사례와 접근 방법에 대해 이야기하고자 한다.

토지 경매 투자를
해야 하는 5가지 이유

　토지 투자, 그중에서도 토지 경매를 해야 하는 이유는 다양하다. 대표적인 몇 가지를 살펴보자.
　첫째, 훨씬 많은 기회가 있다. 경매를 하는 사람 대부분은 주거용에 관심을 갖는다. 일부는 상가와 같은 상업용 부동산에 주목하지만 토지 경매에 관심을 가지는 사람은 상대적으로 드물다. 그러나 토지 경매 건수는 절대 적지 않다. 경매에 나오는 주거용 물건(아파트, 연립, 다가구 등)과 토지 물건의 경매 건수는 큰 차이가 나지 않는다. 일반적으로 토지 경매 건수는 주거용의 80~90%에 이른다. 하지만 관심의 정도는 비교할 수 없을 정도로 낮다. 토지는 주거용 물건보다 입찰자 수부터 조회 수까지 낮은 편이다. 이는 토지 경매에 훨씬 더 많은 기회가 있다는 것을 의미한다.

둘째, 토지는 꾸준히 상승한다. 단기 투자는 수익 면에서는 매력적일 수 있지만 높은 세금을 부담해야 하는 단점이 있다. 반면 장기 투자는 자산 가치 상승의 이점을 누리는 동시에 세금 부담도 줄일 수 있는 효율적인 전략이다. 토지는 꾸준히 상승했다. 한국부동산원의 전국 지가변동률 그래프를 봐도 꾸준히 상승했음을 알 수 있다. 다음 그래프는 전국 평균을 기반으로 한 통계로, 개발 이슈가 있는 지역의 경우 상승 폭이 훨씬 가팔랐던 것으로 나타난다.

◦ **2010~2021년 전국 지가변동률**

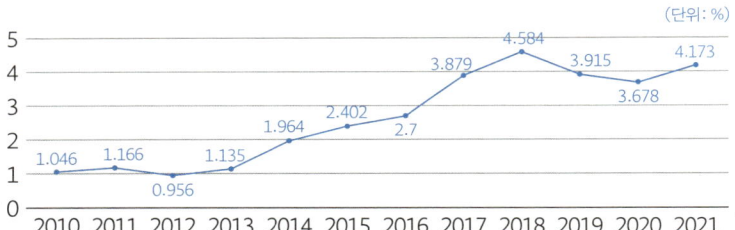

출처: 한국부동산원

셋째, 규제로부터 자유롭다. 주택은 규제가 강화되었다가 해제되기를 반복한다. 열심히 투자 계획을 세웠는데 어느 날 대출이 갑자기 막히기도 한다. 보유세가 본래 계획보다 늘어나기도 한다. 최근 주택 경기 하락으로 규제가 대폭 해제되고 있다. 이는 주택에 투자하기 좋은 호재라고 볼 수도 있지만 불과 1~2년 사이에 들쑥날쑥하는 주택 관련 규제는 장기적이고 안정적인 투자 계획을 세우기 어렵게 만드는 요소다. 지금 규제가 덜하다고 해서 앞으로 계속 덜할 거라는 보장이 전혀 없다. 하지만 토지는 다르다. 대출, 세금 등 토지에 대한 규제는 오랜 기간 큰 변화가 없었다. 오히려 주택에 대한 규제가 심해지면 금융권에서 대안으로 토지 대출을 더 적극적으로 해주기도 한다.

넷째, 처음부터 이길 수 있는 게임을 할 수 있다. 농지를 감정가나 공시가보다 싸게 사는 방식으로 고수익이 보장된 농지연금 투자를 할 수도 있다. 또는 내 토지가 꼭 있어야만 이웃 토지가 맹지를 탈출하거나 건물 출입을 자유롭게 할 수 있는 경우도 있다. 즉 처음부터 실패할 가능성이 거의 없는 이기는 투자를 할 수 있는 것이다. 사두고 아무 조치를 하지 않아도 알아서 이해관계인이 연락을 해오는 경우도 허다하다.

다섯째, 명도나 임장이 대체로 손쉽다. 경매를 어렵게 생각하는 이유 중 대표적인 것이 명도다. 하지만 토지는 명도할 일이 거의 없는 경우가 대부분이다. 심지어 임장이 필요 없는 경우도 많다. 로드뷰, 인터넷 지도, 법원에서 공지된 매각물건명세서 및 현황조사서, 현장 사진만으로 투자 여부 판단이 경우가 많기 때문이다. 인터넷의 발달로 현장에 가보는 것과 다름없는 조사가 가능해졌다.

1번 임장, 2년 보유, 3배 수익
- 가평 토지 -

    2020년 봄, 여느 때처럼 물건 검색을 하고 있었다. 투자금이 묶여 있던 때라 소액 물건 위주(투자금에 맞춰 투자할 수 있는 것은 경·공매의 장점이다.)로 검색을 했다. 그러다 유독 많이 유찰된 경기도 가평의 대지가 눈에 들어왔다. 공매 물건이었다.

○ 경매물건 조회 화면

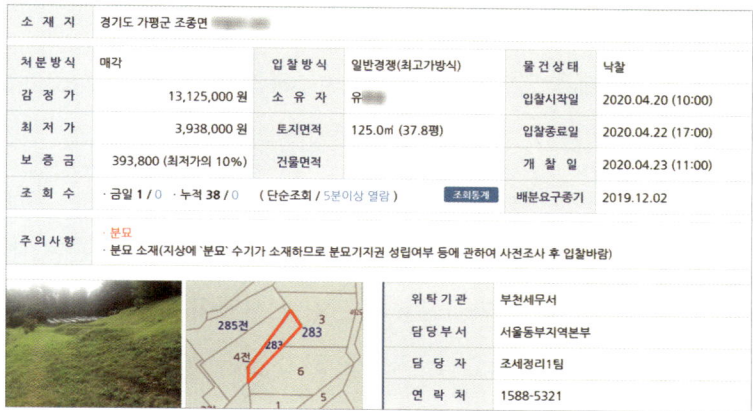

출처: 지지옥션

소재지: 경기도 가평군

면적: 37.8평(125m²)

용도: 대지

감정가: 1,312만 5,000원

낙찰가: 415만 원(32%)

매각 기일: 2020.04.20.

경기도 가평에 위치한 38평의 작은 대지가 최저가 기준 평당 10만 원 정도로 떨어져 있었다. 여러 차례 유찰되어 감정가 대비 30%까지 떨어진 것이다. 이렇게까지 유찰된 이유는 2가지였다. 지상에 분묘 여러 개가 있었다. 그리고 지적도상 맹지였다.

투자 포인트

 큰 하자라고 볼 수도 있는 문제였다. 하지만 꼼꼼히 보다 보니 돈이 되는 포인트가 보였다. 우선 낙찰 후 묘지 소유자에게 지료(토지의 사용료) 청구가 가능해 보였다. 공매 담당자를 통해 토지 위의 분묘는 채무자가 관리하는 선대의 묘라는 것을 확인했다. 대법원은 "자기 소유 토지에 분묘를 설치한 사람이 그 토지를 양도하면서 분묘를 이장하겠다는 특약을 하지 않은 경우, 특별한 사정이 없는 한 토지 소유자에게 그 분묘 사용의 대가로서 지료를 지급할 의무가 있다."고 판시했기 때문이다. (대법원 2021.5.27. 선고 2020다295892 판결)

 정리해 보자면 자기 땅에 자기 조상의 분묘를 설치한 경우에는 낙찰자에게 소유권이 넘어간 시점부터 지료를 내야 하는 의무가 발생한다는 것이다.

 두 번째 포인트는 분묘가 다른 사람 토지에 걸쳐서 조성되어 있었다는 점이다. 그리고 그 다른 사람의 토지 등기부를 떼어보니 채무자와 친척 관계로 보였다. 취득 시점, 나이, 이름 등을 통해 쉽게 알 수 있었다. 사실 앞서 살펴본 것처럼 분묘에 대한 지료를 받을 수 있다고는 하나, 그것도 상대가 줘야 받을 수 있다. 생각해 보면 조상의 분묘가 있는 땅이 공매로 매각되는 것도 못 막을 정도의 경제 상태라면 지료를 받기도 쉽지 않을 수 있다. 물론 이런 경우 분묘기지권*의 소멸을 청구할 수 있다지만 굴이(묘지를 파서 옮기는 것)를 한다는 것은 절차적, 심리적으로 쉬운 문제는 아니다. 하지만 자신의 땅 일부가 선대의 분묘로 쓰이고 있는 것을 뻔히 아는 친척들을 상대로 분묘를 철거(굴이)하겠다고 통보를 했을 때 해당 친척들이 해결의 의지를 보일 가능성이 매우 커 보였다.

세 번째 포인트는 오랜 기간 사용해 온 도로(통로)가 있다는 것이었다. 비록 지적도상은 맹지였지만 실질적으로는 도로(통로)가 있는 땅이었다. 현황 도로(법령에 따라 신설 또는 변경에 대한 고지가 되지 않은 도로)로 인정될지는 불분명했지만 인정된다면 건축하는 것과는 별개로 토지를 이용하는 데 불편함은 없을 것으로 봤다. 설령 도로로 쓰이는 이웃 토지의 소유자가 통행을 막으려 한다 해도 주위 토지 통행권을 요구할 수는 있을 것이다. 주위 토지 통행권이란 어느 토지와 도로 사이에 그 토지의 사용에 필요한 통로가 없는 경우에 그 토지 소유자가 주위(이웃)의 토지를 통행할 수 있는 권리를 말한다.

사실 이 세 번째 포인트에 가장 주목했다. '앞 토지를 제어하는 뒤 토지'가 될 수 있을 것으로 판단되었다. 앞 토지를 개발이나 매매하고자 할 때 오랜 기간 낙찰 토지로 통하는 도로처럼 쓰고 있는 부분을 함부로 개발하거나 막을 수 없다는 점이 앞 토지 입장에서는 큰 걸림돌이 될 것이라는 판단이었다.

- 분묘가 다른 사람 명의의 토지 위에 설치된 것이라 하더라도 분묘와 그 주변 일정 면적의 토지에 대해서는 사용권을 인정해 주는 관습법상의 권리를 말한다.

○ 공매물건 토지의 위치와 크기(분홍색), 통로(노란색)로 쓰인 앞 토지

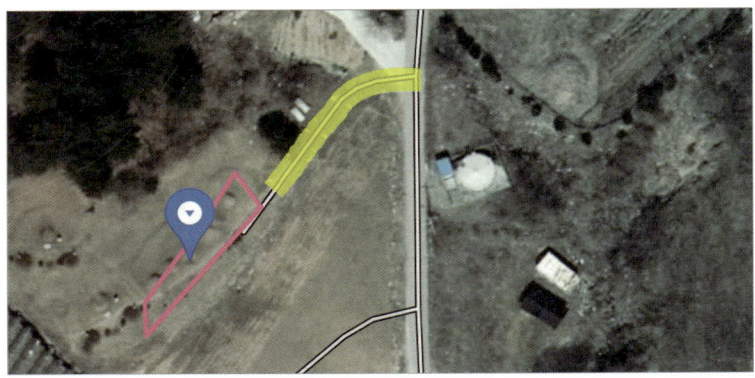

네 번째 포인트는 최악의 상황에도 활용 가치가 있다는 것이었다. 원하지는 않지만, 내 비용으로 분묘를 철거까지 해야 하는 경우가 생기더라도 수익을 낼 수 있다고 판단했다. 해당 토지는 서울 인근인 가평에 있었다. 주위 풍경이 아름다워 인근에 펜션과 캠핑장이 다수 있었다. 분묘만 없어진다면 괜찮은 가격에 매도할 수 있을 것으로 판단되었다. 단기 매도가 안 되더라도 경기도 가평의 대지인 만큼 나무를 심고 캠핑용으로만 써도 충분한 가치가 있을 것이다.

다섯 번째 포인트는 너무나도 저렴한 가격이었다. 경기도 가평의 대지가 평당 10만 원꼴이라는 건 그 자체로 매력이었다. 인근 실거래가가 최소 평당 30만 원 정도는 했으므로 정말 싸다고 할 수 있는 가격대였다. 저렴한 가격은 투자의 실패 가능성을 크게 줄여 준다.

마지막 여섯 번째 포인트는 인터넷 지도와 로드뷰를 확인하고 구글링을 해보니 인근이 활발히 개발될 조짐이 보인다는 점이었다. 물건지 북측 인근에도 전원주택이 막 들어서고 있었고, 무엇보다 개인이 아니라 업자들이 큰 규모의 개발에 나서고 있다는 것을 알 수 있었다.

낙찰 이후

평당 11만 원 수준(낙찰가율 32%)으로 낙찰을 받았다. 소유권 이전 후 채무자의 연락처를 확보하려고 공매를 주관하는 자산관리공사에 문의했다. 그러나 연락처가 없다는 답변이 돌아왔다. 그래서 인근 토지 소유자에게 내용증명을 발송했다. 분묘가 당신의 토지와 내 토지에 걸쳐 존재하고 있으니 철거해 달라는 내용이었다. 내용증명이 인근 토지 소유자(채무자의 친척)에게 도착하자마자 모르는 번호로 전화가 왔다. 채무자였다. 통화는 짧게 끝났다. 채무자는 지료를 내는 것도 적정한 가격에 되사는 것도 의지를 보이지 않았다. 그냥 될 대로 되라는 식이었다. 나 역시 별다른 감정 소모는 하지 않았다. 충분히 예상했던 반응이었기 때문이다. 일단 인접 토지를 보유한 채무자의 친척들을 상대하는 데 집중하면서 동시에 채무자를 상대로 분묘를 철거하거나 최소한 지료라도 지불하라는 소송을 진행할 계획이었다. 하지만 서두르지는 않았다. 처리해야 할 다른 투자 건을 먼저 챙겼다. 이 건에 투입된 금액이 소액이라 그럴 수 있었다. 그러던 어느 날 집으로 편지가 하나 왔다.

공인중개사의 편지와 한판 승부

○ 공인중개사의 편지

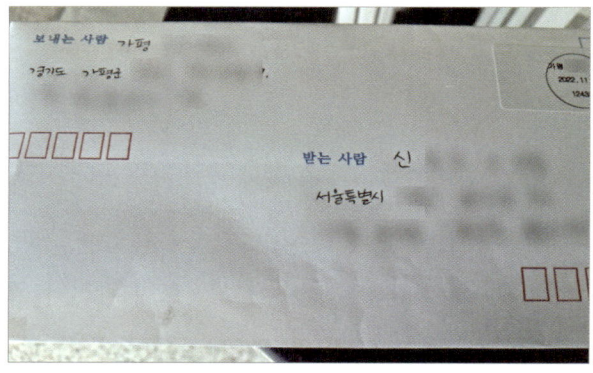

낙찰 토지 인근의 공인중개사가 보낸 편지였다. 내용인즉슨, 매수 의사를 가진 사람이 있으니 팔지 않겠느냐는 것이었다. 매수하려는 측은 주변의 토지를 매수해서 개발 후 분양을 하려는 업자였다. 몇 번의 통화 끝에 상대는 평당 25만 원을 제시했다. 하지만 난 이 제안을 거절했다. 일단 가격이 마음에 들지 않았다. 매수하려는 측은 이미 인근의 다른 분묘와 함께 낙찰 토지 위에 있던 분묘를 일정 금액을 주고 이장시킨 상태였다. 나는 갑자기 손 안

대고 코 푼 상태가 되었다. 분묘가 사라진 평범한 가평의 대지치고는 너무 저렴한 가격이라고 생각했다. 그래도 평당 25만 원이면 내가 산 가격의 2.5배 수준이었으니 팔 만한 가격일 수도 있었다. 그런데 상대의 태도가 날 불편하게 했다.

공인중개사도 현장에서 만난 이장도 말투는 호의적인 듯했지만, 내용에는 뼈가 있었다. 그들은 내가 낙찰받은 토지가 맹지이기 때문에 그냥 보유하고 있으면 주변에 울타리를 칠 것이고 그러면 농사도 짓지 못하는 애물단지가 될 것이라는 점을 강조했다. 이미 내 토지를 제외한 주변 토지를 모두 매입한 상태여서 할 수 있는 일종의 엄포였다. 도면을 보여주면서 내 땅이 포위되어 있음을 더 강조했다. 이장까지 나서서 기회가 있을 때 파는 게 좋지 않겠느냐며 바람을 넣었다. 그 와중에 내 토지를 파헤쳐 놓고도 사전 통지는 물론이고 복구조차 하지 않은 것도 마음에 들지 않았다. 이미 공사를 시작해 울퉁불퉁해진 땅들과 파헤쳐져 기능을 상실한 통로까지. 내색하진 않았지만 불쾌한 감정이 쌓여 갔다. 그리고 묘한 승부욕이 생겼다. 그들이 날 압박하려고 보여준 분할 개발 계획도를 보면 볼수록 그들에게 내 토지가 필요해 보였다. 마치 미리 알고 알박기를 한 것처럼 보일 정도였다. 그들에게 더 좋은 가격으로 팔지 않더라도 울타리를 쳐서 내 토지를 쓸모없는 땅으로 만들겠다는 계획만 저지할 수 있다면 내 토지의 가치를 크게 끌어올릴 수 있을 거라 생각했다. 그들의 토지 가운데를 가로질러 내 토지로 통하는 도로를 계속 유지하게 만들거나, 적어도 내 토지를 드나드는 권리만이라도 확보할 수 있다면 상황은 충분히 역전될 수 있다고 봤다. 그렇게 나는 '앞 토지를 제어하는 뒷 토지'가 되는 전략을 실행에 옮겼다.

◦ **분할 개발 계획도**

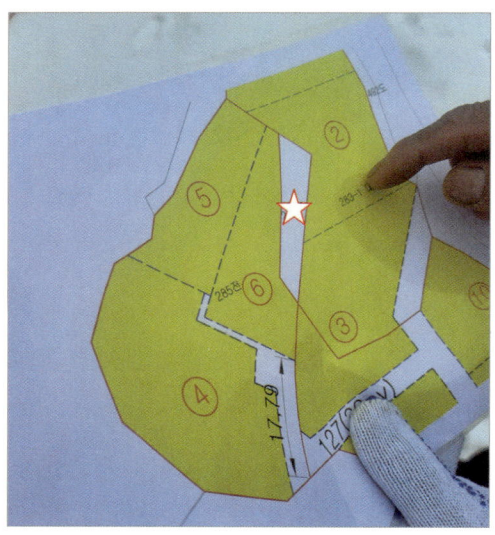

등기부를 확인하니 내 토지로 출입하는 통로(도로)가 있던 토지(분할 개발 계획도의 ②번 부분)를 개발해 제3자에게 분양했다는 것을 알게 되었다. 현장에 가 보니 도로는 사라지고 농막으로 보이는 가설건축물이 있었으며 주변엔 울타리가 쳐져 있었다. 난 즉시 분양을 받은 사람들에게 다음과 같은 내용증명을 보냈다. 도로가 있었던 것을 입증하기 위해 위성 지도 등도 첨부했다.

내 용 증 명

수 신 : 홍○○
주 소 : 서울시 강서구 ○○○로 ○, 101동 ○○○호
발 신 : 신○○
주 소 : 서울시 ○○구 ○○○로 ○, ○○○동 ○○○호

부동산 표시 : 경기도 가평군 ○○면 ○○리 ○○○

1. 댁내 평안을 기원합니다.

2. 본인은 위 소재 부동산의 소유주입니다.

3. 귀하는 ○○면 ○○리 000-4번지를 취득해 가설건축물로 추정되는 것을 설치했습니다. 이 과정에서 문을 설치하고 울타리(담)를 설치해 타인의 통행을 막았습니다. 하지만 해당 토지는 위 토지(○○리 ○○○) 및 인근의 밭 그리고 산으로 통행하는 현황 도로(관습법상 도로)가 수십년 간 있던 곳입니다. 이를 막는 것은 불법입니다. 즉시 원상 복구를 해주시기를 바랍니다.

4. 또한, 위 토지는 민법 219조에 따른 주위토지통행권도 인정됩니다. 발신인에게는 공로를 통행할 권리가 있으므로 기존에 있던 수준으로 통로를 개설해 달라고 요구할 수 있다는 점도 알리는 바입니다.

5. 참고로 이러한 사항은 귀하가 건축 허가를 받았는지와는 별개입니다.
6. 아울러 건축법 등 각종 규제와 허가 사항 역시 준수해 주시기를 바랍니다.

7. 본인은 원만한 협의를 바라고 있으므로 다음의 번호로 연락해 주시기 바

> 랍니다. (010-0000-0000)
>
> 입증 방법 및 첨부 서류
>
> 1. 위성 지도
> 1. 토지주택공사 부동산 종합정보의 토지 정보 화면
>
> 2023. 00. 00
>
> ○○○ 님 귀하
>
> 위 통지인 신○○ (인)

    효과는 즉각적이었다. 내용증명을 받은 수분양자(분양받은 사람)는 분양받은 토지에 내 땅으로 통하는 통로가 있었던 사실을 몰랐으며 만약 내 땅으로 통로를 내줘야 할 것 같으면 분양 계약을 파기할 수밖에 없다고 했다. 그러자 난감해진 분양업자가 나에게 평당 35만 원을 매입가로 제시했다. 처음 제시했던 평당 25만 원보다 상향된 금액이었다. 토지 분양 계약이 파기되게 생겼으니 내가 계속 압박할 경우 더 높은 금액으로 협상이 가능할 것으로 판단되었다. 하지만 수분양자는 내 토지를 마음대로 파헤치고 길까지 막은 당사자(분양업자)가 아니라 사실상 제3자이기에 강한 압박을 하는 데 부담을 느꼈다. 마음이 약해진 것이다. 그래서 결국 평당 35만 원에 분양업자에게 토지를 매도하기로 했다. 약 2년 만에 투

자금 대비 약 3.5배의 수익을 얻는 것으로 마무리된 투자였다.

　고백하자면 나는 이 낙찰 토지에 딱 한 번 가봤다. 그것도 낙찰받고 2년 정도가 지난 후(공인중개사의 편지를 받은 뒤)에 현장 확인을 위해서 가본 것이 전부였다. 사전 임장도 하지 않고 토지를 낙찰받아 수익을 낸 것이다. 위성 지도 등 온라인 발달의 영향도 있지만 기본적으로는 토지라는 특성 덕분에 가능했던 일이었다.

미리 토지 공부를 많이 한 덕에 수익이 났을까?

이 수익 사례는 분묘기지권이나 주위 토지 통행권 같은 토지 관련 이론에 바탕을 둔 것은 사실이다. 하지만 내가 이 물건에 투자할 때, 이런 것들을 깊이 있게 알고 있었던 것은 아니다. 내가 낙찰을 받은 핵심은 주변에 개발의 바람이 강하게 불고 있다는 점, 이 토지가 매우 저렴하다는 점, 위치가 나쁘지 않다는 점, 그리고 현황 도로는 함부로 폐쇄할 수 없다는 점 정도였다. 무엇보다 최악의 상황에서도 손해를 보지는 않겠다는 생각이 낙찰을 받는 데 큰 요인으로 작용했다.

이후 상황에 맞춰 인터넷을 보며 공부를 하고 적절히 대응했을 뿐이다. 사전에 이론적으로 완벽히 준비하고 투자한 것은 아니다. 물론 공부를 많이 하는 게 나쁜 것은 아니다. 그러나 이론보다 더 중요한 것은 물건에 맞춰 유연하게 사고하는 것이다. 긍정적인 시나리오뿐만 아니라 최악의 시나리오도 충분히 검토해 보고 최악의 상황에도 충분히 감당할 만하다면 적극적으로 입찰해 보는 게 필요하다.

만약 경매 투자를 시작하는 데 두려움이 있다면 소액 물건으로 시작해 보는 것도 좋다. 생각대로 풀리지 않더라도 충분히 기다릴 수 있는 금액대의 물건으로 토지 투자의 첫발을 떼길 권한다.

마음에 드는 물건을 보고 어떻게 수익을 낼지 고민하고, 위험은 무엇이고 그 위험을 어떻게 헤쳐 나올 것인지 공부하다 보면 실력이 자연스럽게 늘게 된다. 간단한 인터넷 검색만으로도 이미 수많은 투자 선배들의 후기나 고민의 결과물을 만날 수 있다. 무엇보다 이러한 공부 방식은 너무나도 재밌어서 꾸준히 할 수 있다.

평범한 농지로 돈 버는 간단한 방법
- 경산 농지 -

 나는 농지 투자에 관심이 많다. 그래서 꾸준히 농지 물건을 봐왔다. 그런데 2022년 중반까지만 하더라도 농지로 수익을 내려면 남들이 관심을 가지지 않을 만한 것들에 집중하는 게 필요했다. 특히 경지정리°된 농림지역 논은 지역 농민 수요가 탄탄해 시세 대비 저렴하게 낙찰받기 어려웠으나 금리 인상, 경기 침체, 농지 취득 심사 강화 등으로 평범한 농지로도 고수익을 올릴 수 있는 사례가 늘고 있다.

- 농업 노동의 생산성을 증대할 목적으로 영농 기계화, 합리화 등을 시행하는 토지개량사업. 네모반듯한 대규모 논들이 대표적이다.

○ **경매물건 조회 화면**

출처: 지지옥션

소재지: 경북 경산시 와촌면

면적: 514.9평(1,702m²)

용도: 답

감정가: 1억 8,722만 원

매각가: 1억 1,567만 2,000원(61.7%)

매각 기일: 2022.12.22.

이 경매물건은 경북 경산의 전형적인 농촌에 있었다. 바둑판처럼 반듯하게 경지 정리가 되어있는 농림지역의 답이었다. 그중에서도 두 면이 도로에 접한 상급 매물이었다. 농림지역이란 농업의 진흥을 위해 필요한 곳이라고 국가에서 지정한 지역을 의미한다. 농업의 진흥을 위한 곳이므로 건물을 짓거나 하는 등의 개발을 하기에는 적합하지 않은 땅이다. 그러나 달리 말하면 농사짓기에는 좋은 환경을 가진 지역이라는 의미이기도 하다. 특히나 바둑판처럼 경지 정리가 되어있고 농로, 수로 등 시설이 잘 갖춰진 곳은 지역 농민에게 인기가 많다. 농민들의 토지 사랑은 우리가 흔히 생각하는 것 이상이다. 나는 농부 중에서 토지 욕심이 없는 사람을 본 적이 없다. 그들은 오랜 경험을 통해 토지가 자산으로서의 가치가 훌륭하다는 것을 잘 알고 있다.

○ **경매물건 위치(항공 사진)**

이 물건은 항공 사진에서 볼 수 있듯이 농림지역 내에서도 두 면의 도로가 접한 입지가 좋은 토지다. 그런데 낙찰가율은 61.7%에 불과했다.

얼마나 저렴한 것일까?

이 물건은 평당 36만 원에 감정되었다. 이는 시세에 근접한 가격이었다. 인근의 다른 농지들의 과거 거래 사례를 보면 평균 30만 원 정도를 유지하고 있었기 때문이다. 경매물건은 두 면이 도로를 접한 상급 매물이므로 평당 36만 원은 적정한 감정가격으로 볼 수 있다. 이 물건의 가치를 알 수 있는 또 다른 지표도 있다. 바로 직전 거래가다. 채무자는 이 농지를 경매 낙찰 시점으로부터 2년 반 전인 2020년 7월에 평당 34만 원(총액 1억 7,500만 원)에 매입했다. 종합하면 이 농지의 시세는 보수적으로 봐도 평당 34만 원은 된다고 판단할 수 있었다. 그런데 낙찰가는 평당 22만 원(총액 1억 1,500만 원)꼴이었다. 종합하면 이 물건의 낙찰자는 앉은 자리에서 평당 12만 원(34만 원-22만 원) 정도의 차익을 본 것이다. 약 6,200만 원(12만 원×514평)에 이르는 금액이다.

○ **물건지 인근의 거래 사례 (평당 가격)**

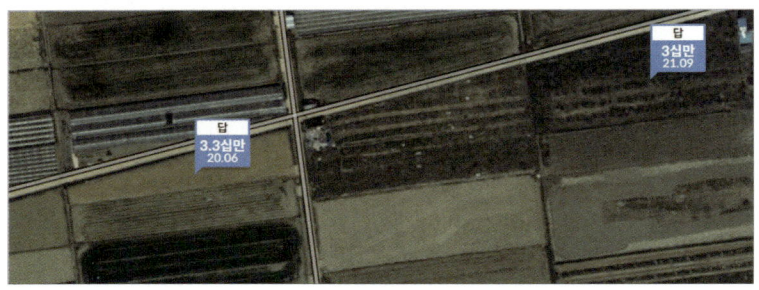

출처: 밸류맵

이 물건처럼 아무런 하자도 없고 농사짓기 좋은 데다 수요까지 탄탄한 농지를 저렴하게 낙찰받을 수 있는 기회가 많아지고 있다. 바로 이것이 농지 투자에 관심을 가져야 할 이유 중 하나다.

뒷이야기

이 물건은 농부로 보이는 한 부부가 낙찰받았다. 정말 현명한 농부라고 말해주고 싶다. 농사를 지어 수익을 얻는 동시에 시세 차익까지 노린 투자였기 때문이다. 일정 기간 자경(스스로 경작)할 경우 양도소득세 혜택도 누릴 수 있다. 이 물건에는 내 강의를 듣는 수강생도 입찰에 참여했다. 총 4명의 입찰자 중 낙찰자를 제외한 나머지 3명의 입찰가는 평당 18만 원 수준에 그쳤다. 낙찰받은 부부만 입찰하지 않았더라면, 이 물건은 시세의 절반 수준에 낙찰되었을 가능성도 있었다.

농취증 강화

농지취득자격증명(일명 농취증)은 농지를 취득하는 데 필수적인 서류다. 그런데 공무원의 농지 투기 등이 문제가 되면서 2022년부터 이 농취증에 대한 심사 등 절차가 강화되었다. 주요 내용으로는 불법적인 사항에 대한 처벌 강화, 농지 취득 시 의무 기재 사항의 확대, 제출 서류 강화, 원거리 농지 취득 시 농지위원회 심의 시행 등이 있다. 사실 이러한 규제는 농촌의 현실과는 괴리가 있다. 고령화가 심화되면서 농촌에는 실제로 농사를 지을 사람이 부족한 상황이다. 원거리에서라도 직접 농사를 짓겠다는 사람이 있다면 오히려 두 팔 벌려 환영해야 한다. 그런 의미에서 현재의 정책은 '빈대 잡으려다 초가삼간 태운다.'는 속담이 떠오를 정도다.

이러한 제도 강화로 인해 농지를 구매하는 것에 대한 막연한 두려움이 있기도 하다. 실제로 일부 지역 공무원의 경우 과도하게 엄격한 제도 적용으로 농취증 발급을 잘 해주지 않는 경우도 있다. 하지만 우리는 이러한 제도 강화의 이면에 돈을 벌 수 있는 기회가 숨어 있다는 점도 기억할 필요가 있다. 경매에 나온 농지가 거주지에서 멀다는 이유만으로, 혹은 담당 공무원의 부정적인 태도 때문에 입찰을 일찌감치 포기하는 사람들도 있다. 그러나 누군가는 공무원을 끈질기게 설득해 농취증을 받아내기도 한다. 또 누군가는 원거리라서 농취증을 발급해 줄 수 없다는 공무원에게 퇴직하고 귀농하러 갈 거라며 목소리를 높여 농취증을 받아내기도 한다. 아니면 아예 주소지를 농지 근처로 옮긴 뒤 신청을 하기도 한다. 이 모든 이야기는 모두 나의 수강생들이 실제로 해낸 일들이다.

설령 농취증을 발급받는 것에 실패하더라도 그냥 해당 물건의 입찰을 포기하면 그만이다. 경매에 입찰하기 전에 농취증을 신청하고, 만약 발급이 거부된다면 입찰을 철회하면 된다. 즉 농취증 취득 절차가 강화되었다고 해서 손해 보는 일은 없다. 지레 겁먹지 말자. 지레 포기하지 말자.

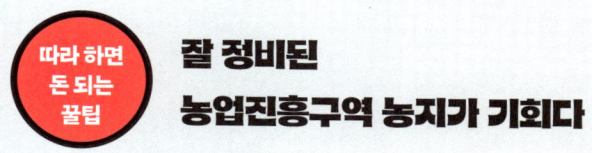
잘 정비된
농업진흥구역 농지가 기회다

농지 취득을 위한 요건이 형식적으로 다소 까다로워졌다. 역으로 말하면 요건만 갖추면 수요가 많은 농지를 싸게 낙찰받아서 수익을 창출할 수 있게 되었다. 대표적인 예가 경지 정리된 농업진흥구역의 농지들이다. 앞서 살펴본 경북 경산의 농지와 같이 바둑판처럼 반듯하게 정리된 농지(주로 논)가 시세에 비해 놀라울 정도로 낮은 가격에 낙찰되는 사례가 전국 곳곳에서 나타나고 있다. 까다로워진 요건으로 인해 수요가 억눌리다 보니 이전에는 상상하기 힘들었던 낮은 낙찰가가 현실이 되고 있다.

달리 말하면 거주지에서 멀지 않은 곳에 있는 농업진흥구역의 농지를 통해서 시세 차익을 쉽게 얻을 수 있다는 것이다. 또는 농업경영체 등록 등의 방법을 통해서 농업인 자격을 미리 확보해 놓은 사람은 다양한 농업진흥구역 농지를 낙찰받아서 쉽게 수익을 올릴 수 있게 된 것이다. 이러한 농지는 전국적으로 너무 많아서 일일이 열거하기 어려울 정도다. 수도권만 해도 대표적인 곡창지대인 김포, 평택, 이천을 비롯해 서울에서 가까운 양평, 그 밖에도 여주, 화성, 안성 등 다양하다. 농촌 지역이 많은 전라도나 경상도는 어지간한 시·군 단위에서는 어김없이 이런 곳을 발견할 수 있다. 경매정보사이트에서 이런 농지를 찾는 법도 간단하다.

먼저 종합검색 화면에서 ① 원하는 지역을 설정하고 ② '지구/구역' 항목에 "농업진흥구역"을 입력하면 된다. 그리고 ③ 지목을 전, 답, 과수원 중 하나로 지정하면 이러한 농지를 쉽게 찾을 수 있다. 그다음에는 시세 또는 최근 거래가격보다 현저히 낮은 금액으로 나온 물건을 고르기만 하면 된다.

○ 지지옥션 종합검색 화면 예시

앞서 언급한 것처럼 이런 농지는 현지 농민들에게 분명한 수요가 존재한다. 따라서 급매보다도 낮은 가격에 낙찰받은 후, 급매

수준의 가격으로만 정리해도 단기 차익을 얻는 것은 어렵지 않다. 장기 보유 하면서 천천히 매수인을 구할 자금력이 된다면 단기 매도에 비해 좋은 가격에 매도하는 것도 가능하다. 특히 취득한 때부터 양도할 때까지 장기간(2025년 5월 기준으로 8년 이상) 농지 소재지에 거주하면서 스스로 농사를 지었다면 양도소득세가 전액 면제되는 '재촌자경 양도소득세 면제' 규정을 활용할 수도 있다.

농업진흥구역의 경지 정리된 농지는 '금'과 같다. 세월이 흐를수록 가치는 오를 수밖에 없다. 수십 년간 그래왔고 앞으로도 그럴 가능성이 높다. 시야를 조금만 넓히면 이런 투자 기회가 분명히 보일 것이다.

플피로 하는 토지 투자
- 동두천 토지 -

　일반인들이 토지 투자를 어려워하는 이유 중 하나는 초기 투자금이 많이 들고, 동시에 그 자금이 장기간 묶일 수 있다는 점이다. 토지는 주거용 부동산에 비해 대출 규제가 덜한 편이라 상대적으로 대출받기 쉬운 편이다. 물건에 따라 차이는 있지만 통상 구매가격의 80% 정도 대출이 가능하다. 그런데 실제 토지 경매 건 중에는 대출을 많이 받는 수준을 넘어 무피(투자금이 들어가지 않는 방식)나 플피(투자금을 회수하고도 추가로 돈이 생기는 방식) 투자가 가능한 경우도 있다. 그것도 아무런 하자가 없는 평범한 물건으로 말이다.

○ 경매물건 조회 화면

출처: 지지옥션

소재지: 경기 동두천시 탑동동

면적: 348.8평(1,153㎡)

용도: 전

감정가: 3억 995만 9,000원

매각가: 1억 3,200만 원(42.5%)

매각 기일: 2025.03.25.

이 물건은 경기도 동두천시에 있는 토지 경매물건이었다. 4차선 아스팔트 도로에서 멀지 않은 위치에 있었다. 바로 뒤에는 모텔이 있었고 주변에는 캠핑장과 펜션이 있는 지역이었다. 지목은

전이었지만 진입로와 일부 기반 시설 공사가 되어있는 사실상 대지에 가까운 토지였다. 이곳에 모텔이 들어선다면 뒤쪽 모텔보다 입지가 더 좋을 수밖에 없었다. 이 토지는 34%까지 유찰된 상태였다. 이 토지 경매물건의 등기부 등본을 보면 투자의 포인트를 찾을 수 있었다.

2015년에 서울 지역 농협에서 설정한 근저당 금액은 2억 4,000만 원이었다. 일반적으로 근저당은 실제 대출금의 약 130% 수준으로 설정되는 점을 고려하면 이 경매물건으로 채무자가 대출받은 금액은 1억 8,000만 원가량임을 알 수 있다. 낙찰 시점보다 10년 전에 받은 대출 금액이었다. 그런데 이 경매물건은 3억 원에 감정되어 1억 원(34%)까지 떨어져 있었다. 다시 말해 이 경매물건을 최저가인 34% 언저리에 낙찰받으면 이 물건을 담보로 최소 1억 8,000만 원은 대출을 받을 수 있다는 이야기가 된다. 결국 낙찰가는 1억 원인데 대출은 1억 8,000만 원 가능하니, 8,000만 원의 유동자금을 확보할 수 있는 '플피 투자' 사례가 되는 셈이다.

물론 경매물건에 대출을 해줬던 금융기관이 낙찰 즉시 1억 8,000만 원을 대출해 주는 경우는 드물다. 보통 낙찰 직후에는 낙찰가의 60~80% 수준으로 대출을 받을 수 있다. 하지만 낙찰 후 6개월 정도 지난 다음 재감정을 진행할 수 있고, 이때는 새롭게 산정된 감정가를 기준으로 대출금이 책정되기 때문에 대출 금액이 크게 상향될 수 있다. 겉보기에는 금융기관에서 대출금 회수가 제대로 되지 않았던 물건으로 다시 기존 대출액만큼의 담보 가치를 인정해 준다는 게 이해가 되지 않을 수도 있다. 하지만 금융기관은 기본적으로 대출 상품을 팔길 원한다. 그래야 수익이 발생하기 때문이다. 또한 기존 채무자와는 다른 새로운 낙찰자와의 금융거래이기 때문에 낙찰자의 신용에 문제가 없다면 적극적으로 대출을 해주려고 한다. 금융기관에서 재감정 후 기존보다 높은 수준으로 대출을 실행하는 것은 통상적이고 금융기관 내부 규정에도 맞는 방식이다.

경매 이전에 담보 대출을 실행하면서 감정이 높게 된 이력이 있는 만큼 주변 시세가 폭락하지 않은 이상 처음에 실행된 금액 수준으로 대출을 받는 것은 어렵지 않다. 만약 기존에 대출을 실행했던 금융기관이 재감정 후 대출 상향에 부정적인 반응을 보일 경우, 해당 물건지 인근의 다른 금융기관에 문의하거나, 대출 전문 상담사를 통하는 방식도 고려할 수 있다.

물론 대출을 많이 받게 되면 이자에 대한 부담이 늘어난다는 단점은 있다. 하지만 플피 투자로 얻게 된 목돈으로 이자를 메꾸고도 남을 투자를 한다면 이야기가 달라진다. 실제로 경매의 세계에는 남들이 외면한 비싼 토지를 저가에 낙찰받은 뒤 재감정을 통해 수억 원에서 수십억 원의 대출을 끌어내는 투자 고수들도 있다. 내 돈 한 푼 들이지 않고 투자금을 마련하는 셈이다. 이렇게 마련한 투자금으로 아파트 갭투자를 할 수도 있고 다른 경매물건에 분산 투자할 수도 있다. 사실 투자자 대부분은 투자할 돈이 부족한 것이지 투자할 물건이 부족한 것이 아니다.

이 물건은 주변 경관이 아름답고 한적한 외곽의 대로변에 접해 있으면서 건축이 가능한 토지이므로 충분히 수요가 있는 물건이었다. 따라서 이 물건을 저렴하게 낙찰받으면 매매를 통한 시세 차익을 노리면서 동시에 대출을 통해 추가로 생긴 8,000만 원의 투자금을 가지고 새로운 투자까지도 가능하다.

최종적으로 이 물건은 2명의 입찰자가 경쟁한 끝에 감정가의 42.5%인 1억 3,200만 원에 낙찰되었다. 낙찰자는 대출을 이용해 자기 돈 한 푼도 안 들이고 투자를 할 수 있었고, 오히려 추가 투자금을 확보할 수 있게 되었다.

부동산 투자를 하고 싶어도 돈이 없어서 못 한다는 분들을 많이 봤다. 하지만 경매로는 소액 투자도 가능하지만 이렇게 목돈을 투자금으로 챙기는 플피 투자도 가능하다. 수익을 낼 수 있는 자신감과 확실한 노하우만 있다면 투자의 길은 쉽게 열린다. 투자금을 모으기 위한 시간이 반드시 필요한 것은 아니다. 남들과 조금만 다른 시각을 가지고 적극적으로 도전한다면 아주 빨리 큰 성과를 낼 수도 있다. 이것이 경매의 힘이고 도전해 볼 이유다.

> 💡 '서촌의꿈'의 조언

경매를 효율적으로 시작하는 방법

   경매를 시작하려는 사람들이 공통적으로 던지는 질문이 있다. 경매를 배우고 싶은데 어떻게 접근하면 될지 혹은 어떤 책이나 학원을 선택하면 좋을지에 관한 내용이다. 간혹 경매물건에 대해 직접 조언을 구하는 분들도 있다. 경매 책을 여러 권 읽었음에도 입찰할 수 있는 평범한 물건인지 아닌지 모르는 분도 있었다. 경매에 입문하는 사람들의 목표는 하나일 것이다. 바로 경매 투자를 통해 돈을 버는 것이다. 그러나 그 과정에서 안전하지 않은 물건인 건 아닐까, 자신이 놓치는 위험 사항이 있지는 않을까 하는 불안감 때문에 지식만 계속 쌓다가 실전에는 들어서지 못하고 시간을 흘려보내는 경우가 많다.

누차 강조하지만, 경매투자는 지식보다 '지혜'가 훨씬 더 중요하다. 그럼 어떻게 경매 투자의 지혜를 쌓아갈 수 있을까? 나는 다음과 같은 단계를 거치기를 추천한다.

1. 경매정보사이트(유료 및 무료) 가입하기
   - 무료사이트도 가능하지만 가급적 옥션원, 지지옥션 등 유료 사이트를 추천한다. 비용이 부담된다면 공동구매를 통해 연간 약 10만 원 수준으로 이용할 수 있다.
2. 매일 최소 1시간 이상 물건 검색하기
   - 잘 아는 지역이나 관심지역 위주로 꾸준히 검색해 본다.
3. 관심 가는 물건은 저장해 놓기
4. 손품과 현장조사 하기
   - 물건 상태, 시세, 전망, 점유자 여부 등을 꼼꼼히 조사한다.
5. 법원에 가서 실제로 입찰해 보기
   - 입찰을 직접 해보거나 모의 입찰이라도 경험해 봐야 한다.
6. 패찰에 대해 복기하기
   - 패찰의 원인, 입찰의 적정성 등을 재검토한다.
7. 패찰한 물건을 지속적으로 모니터링하기
   - 물건의 처리 결과나 시세 변동 여부 등을 확인한다.
8. 난이도를 높여 물건을 검색하거나 최우선 관심물건을 깊이 파고들기
9. 인터넷 카페나 수기형 책을 통해 성공적인 낙찰 사례를 익히고 실제 물건에 적용해 보기

10. 해결되지 않은 내용은 인터넷 카페, 경매 관련 오픈톡방, 주변 경매 유경험자에게 질문하기

앞의 방식은 경매물건에 초점을 맞춘 접근법이다. 이러한 방식의 가장 큰 장점은 재미가 있고, 그래서 꾸준히 실천할 수 있다는 점이다. 이론 공부는 최소한으로 줄이고 경매물건을 꾸준히 살펴보며 물건을 보는 안목과 낙찰 후 이를 풀어가는 지혜를 기르는 데 집중하자. 어려운 부분은 인터넷 검색이나 책을 통해 찾아보고 확신이 안 선다면 전문가나 주변 사람들에게 물어보면 된다.

만약 지식이 부족한 것 같아 책이나 강의를 찾아보고 싶다면 많은 이들이 추천하는 경매 기본서부터 읽어 볼 것을 권하고 싶다. 강의는 다른 수강생의 입찰 및 낙찰이 동기부여가 될 수 있고, 궁금한 점을 바로 물어볼 수 있다는 장점이 있다. 만약 강의는 듣고 싶지만 비용이 부담된다면 경매정보사이트의 무료 온라인 강의나 특강을 먼저 들어보는 것도 좋은 방법이다. 요즘은 유튜브에도 무료로 제공하는 경매 강의가 많으니 참고하면 좋을 것이다.

4장

참 쉬운 특수물건 경매

특수물건은 경매인들의 관심이 큰 분야다. 유치권, 선순위 가등기, 법정지상권, 지분, 분묘기지권 등 종류도 정말 다양하다. 엄청난 수익률을 기록한 신화적인 낙찰 사례들이 주로 나오는 분야다 보니 더욱 관심이 크다. 하지만 관심의 크기와는 별개로 낙찰까지 이어지는 경우는 그리 많지 않은 것 같다. 법률 지식이 필요하고 리스크도 높다 보니 선뜻 입찰하기가 어렵다. 하지만 내가 특수물건을 다루며 느낀 것은 법률 지식의 수준과 얻는 수익이 반드시 비례하지는 않는다는 점이다. 또한 특수물건 중에는 임장을 통해 의외로 손쉽게 실타래가 풀리는 경우도 많다. 열심히 공부한 이론보다 오히려 협상력이 더 요구되기도 한다. '특수물건은 어렵다'는 생각은 일종의 편견이다. 물론 많은 법률적 지식이 필요한 물건도 존재하지만, 애초에 이런 물건은 1년에 몇 건 나올까 말까 한 드문 사례이며 대체로 고가의 물건이라 접근조차 어려운 경우가 많다. 특수물건의 기본 원리만 이해해도 충분히 접근 가능한 쉬운 물건이 훨씬 많다는 사실을 기억하자.

이번 장은 다양한 특수물건 사례를 통해 돈이 되는 포인트와 해결 방법을 제시하고자 한다.

유치권 아파트로 3배 수익 내기
- 강동구 성내동 아파트 -

    2016년 이후 몇 년간 특수물건의 매력에 빠져 있었다. 경매 관련 책이나 인터넷 카페에서 기록적인 수익률을 자랑하는 성공 사례들을 보며 나도 특수물건으로 '대박'을 내고 싶다는 욕심이 가득했다. 그 시기에 내 레이더에 포착된 물건이 바로 성내동 유치권 아파트였다.

○ **경매물건 조회 화면**

출처: 지지옥션

소재지: 서울 강동구 성내동

면적: 25.6평(85㎡)

용도: 아파트

감정가: 4억 5,200만 원

낙찰가: 4억 4,500만 원(98.4%)

매각 기일: 2018.03.05

비록 2동짜리 아파트지만 완벽한 평지에 위치해 있었다. 둔촌 동역에서 364m 떨어져 있고 초등학교와 중학교도 불과 400m 내외였다. 무엇보다 서울 강동 지역 재건축의 대장인 '둔촌주공'의 영향권 안에 있다는 점이 여러모로 마음에 들었다. '둔촌주공'의 이주 수요나 JYP 신사옥 부지가 성내동으로 이전한다는 소식 등 긍정적으로 볼 만한 요소가 많았지만 사실 이런 점들은 부수적인 부분이었다. 이 물건을 선택한 결정적 이유는 바로 유치권 신고가 되어 있는 특수물건이었기 때문이다.

◦ **경매 아파트의 위치(파란 풍선)와 지하철역과 학교와의 거리**

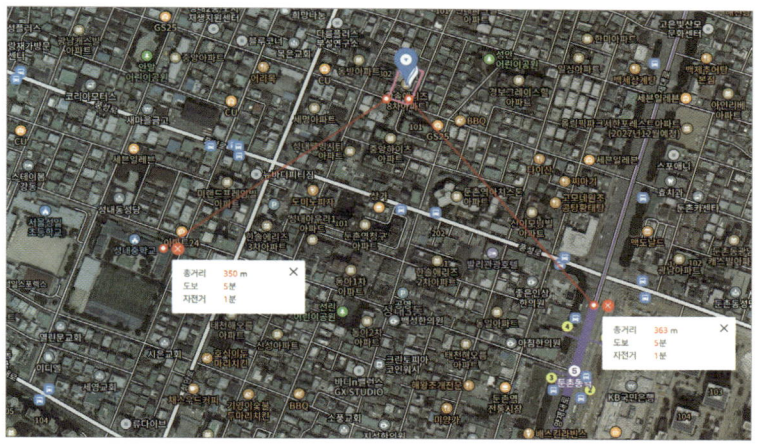

출처: 카카오맵

경매정보사이트에서 물건을 들여다보다가 현장 사진에 '×××××건설의 공사자 ㈜△△△전력 ○○○' 명의의 유치권 행사 중이라는 표시가 현관문에 떡하니 붙어 있는 것을 확인했다. 그런데 아이러니하게도 그 옆에는 '심약한 95세 노모가 있으니 소란을 피지 말라'라는 알림도 함께 있었다.

강한 돈 냄새를 풍기는 물건

　손품만으로도 강한 돈 냄새가 나는 매물이었다. 유치권이 진짜가 아닐 가능성이 높아 보였다. 다음과 같은 이유 때문이었다.

　첫째, 유치권을 알리기 위해 출입문에 붙여놓은 안내문에 허점이 보였다. 유치권의 당사자가 하도급 업자 '△△△전력'이라고 하면서도 정작 유치권을 알리는 문서의 도장은 시공사인 '×××××건설' 것이 찍혀 있었다. 뭔가 급조한 티가 났다.

　둘째, 배당 요구를 했던 임차인이 배당 요구 종기일 이후에 취소한 점이 이상했다. 애초에 배당 요구를 하지 않거나 그것도 아니라면 배당 요구 종기일 전에 해야 취소의 효력이 있는데 이도 저도 아닌 행동은 의심을 살 수밖에 없었다.

　셋째, 가압류와 같은 유치권자의 채권 회수 노력도 보이지 않았다. 정말로 공사 대금을 받지 못한 것이라면 통상 공사업자는 채권 회수를 위해 해당 부동산에 가압류를 진행하곤 한다. 그런데 그런 조치가 없었다는 게 수상했다.

　넷째, 무엇보다 유치권의 핵심인 점유를 임차인이 하는 것도 수상했다. 유치권은 점유를 바탕으로 하는 권리다. 따라서 유치권자가 점유해야 하며 집주인의 동의 없이 타인에게 임대할 수 없다.

유치권과 핵심 요소인 '점유'에 관해

유치권이란 어떤 물건에 대한 어떤 행위를 통해 그 물건 자체에 대한 채권이 발생한 경우, 그 채권을 변제받을 때까지 그 물건을 점유하면서 내주지 않을 수 있는 권리를 말한다.

예를 들어, 시계 수리공은 수리비를 다 받을 때까지 시계를 돌려주지 않고 유치할 수 있는 권리를 가지는데, 이를 유치권이라고 하는 것이다. 유치권이 성립하기 위한 여러 조건이 있는데 가장 핵심적인 부분이 바로 '점유'다. 쉽게 말해, 시계 수리공은 시계를 자신이 가지고 있는 상태에서만 유치권을 행사할 수 있지 이미 시계 주인에게 반환한 뒤에는 유치권을 주장할 수 없는 것이다.

유치권은 막강한 권리다. 시계 수리공은 수리비를 누구보다 우선 회수할 수 있는 권리를 갖게 되며 이 유치권은 수리를 맡긴 소유자뿐만 아니라, 그 누구에게도 주장할 수 있는 것이다. 유치권이 강력한 권리인 만큼 유치권 성립 요건은 엄격하며, 유치권자에게도 유치물(시계)을 선량하게 관리해야 할 의무가 있다. 그중 「민법」 제324조 2항에 따르면 '유치권자는 채무자의 승낙 없이 유치물의 사용, 대여 또는 담보 제공을 하지 못한다'라는 조항이 있다.

본 경매물건의 경우 만약 임차인이 집주인과 계약을 한 거라면 유치권자(건축업자)의 점유가 깨지고(시계를 수리공이 아닌 제3자가 가지게 되는 것), 임차인이 점유하면서도 유치권이 유지되는 경우는 임차인이 유치권자와 임대차 계약을 체결하고 이를 집주인이 동의한 경우만 가능하다(위 「민법」 제324조 2항 참조). 즉 시계공이 시계를 제3자에게 빌려주는 것을 시계 주인이 동의한 경우만 유치권이 유지될 수 있는 것이다.

지인 J 씨에게 이 물건을 추천하고, 함께 임장을 다녔다. 몇 차례 임장을 통해서 '헬리오시티'라는 대규모 아파트 단지의 입주로 인해 전셋값이 맥을 못 추는 상황이라는 것을 확인했다. 또한 소형 단지라서 시설관리가 조금 아쉬워 보였다. 하지만 이런 것들은 나의 마음을 돌리기엔 너무 사소한 것이었다. 유치권을 깰 수만 있다면 말이다. 당시 임장에서 꼭 확인하고자 했던 것은 2가지였다.

첫째, 채권자를 통해 유치권의 내막을 파악할 것. 둘째, 임차인을 통해 점유 관계(임대차)의 진실을 파악할 것. 아파트를 관리하는 총무로부터 이것저것 기초 정보와 함께 경매물건에 사는 임차인의 연락처도 얻었다. 우린 증거 확보를 위해 녹음기를 켠 채 임차인과 통화를 시도했다.

"여보세요? △△△호 임차인 고○○ 님 되시죠?"

"네, 그런데요?"

"사시는 집이 경매에 나왔는데요. 입찰에 관심이 있는 사람인데 몇 가지 여쭤봐도 될까요?"

임차인은 아파트에 유치권 신고가 되어 있어 위험하다며 오히려 날 걱정해 주었다.

"아, 그렇군요. 진짜 위험하네요."

난 형식적인 답변을 했다. 사실 혹시나 연락을 회피하면 어쩌나 걱정했었다. 하지만 다행스럽게도 임차인은 전화에 응대를 해주었다. 물론 유치권을 계속 강조하며 입찰하지 말 것을 종용하긴 했지만 말이다. 이것저것 별로 중요하지도 않은 것들을 물어보다가 다음과 같은 질문을 했다. 사실 가장 핵심적인 질문이었지만 대수롭지 않은 듯 보이기 위해 노력했다.

"임대차 계약은 그럼 집주인이신 최○○ 씨와 하신 거죠?"
"네. 그렇죠."

유치권자의 '점유'가 사실상 깨지는 순간이었다. 유치권이 성립하려면 집주인의 동의를 받아 유치권자와 임대차 계약을 체결해야 하기 때문이다. 비록 임대차 계약서를 직접 확인하지는 못했지만 말투와 통화의 흐름, 임차인의 경매 관련 지식 등을 고려했을 때 임차인이 고의로 거짓말을 했을 가능성은 크지 않은 것으로 판단되었다. 주변 부동산에 들러 대략적인 전세 및 매매 시세를 확인하고, 곧이어 경매신청 채권자를 찾아갔다. 유치권이 '거의 깨진 것으로 추정'되지만 임차인과의 통화와 간접 증거가 전부였기에 몇억이나 되는 금액을 움직이기엔 조금 더 확신을 가질만한 증거가 필요했기 때문이다.

경매신청 채권자의 주소지에 가서 떨리는 마음으로 초인종을 눌렀다. 문전박대 당하지는 않을지 조금 두렵기도 했다.

"박×× 님 댁이죠? 경매 입찰에 관심이 있어서 그런데 좀 만나 뵐 수 있을까 해서요."

"집사람은 지금 없습니다."

'헛걸음인가'라고 생각하는 순간이었다.

"그런데 실제로는 나와의 채무요. 뭐가 궁금하신데?"

"아, 그러세요. 혹시 좀 만나 뵙고 말씀드리면 안 될까요?"

"그러세요. 그럼"

다행스럽게도 채권자는 문을 열고 맞이해 주었다. 아무래도 경

○ 유치권 행사 현수막(좌) / 현관에 붙어 있던 알림(우)

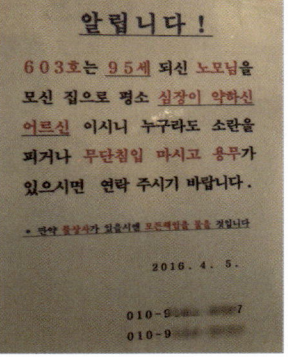

매 낙찰되어야 채권 회수가 가능하기 때문이기도 하고 기본적으로 온화한 사람처럼 보였다. 꽤 오랜 시간 동안 이어진 대화에서 채권의 발생 경위, 그간 채권 회수를 위해 한 노력, 임대차의 경위, 경매 등 관련 법적 조치를 변호사를 선임해 진행하고 있다는 내용 등 이것저것 많은 것을 들을 수 있었다. 하지만 유치권을 무력화할 수 있다는 확신을 줄 만한 단서는 얻지 못했다. 그럼에도 입찰을 결심했다. 비록 100% 확신을 할 수 있는 상황은 아니지만, 임차인과의 통화와 채권자와의 면담 내용, 현장 조사 내용을 종합해 볼 때 유치권이 성립할 가능성은 극히 낮다고 판단되었기 때문이었다.

입찰가 산정과 낙찰

　입찰 당일 아침까지 입찰 금액을 확정하지 못했다. 4억 5,000만 원의 감정가와 20% 저감 된 3억 6,000만 원의 최저 매각가 사이에서 어느 정도로 입찰해야 할지 확신이 서지 않았다. 유치권을 100% 깰 단서를 다른 경쟁자들도 찾지는 못했을 것으로 판단했다. 그렇다면 경쟁자가 많지 않을 테니 낮은 입찰가를 써도 될 것 같았다. 한편으로는 내막을 잘 아는 누군가가 입찰하거나 아니면 어설픈 초보가 조사도 충분히 하지 않고 무턱대고 입찰하지는 않을지도 고민되었다. 그렇다면 입찰가를 높게 써야 했다. 고민의 고민을 거듭한 끝에 결정한 금액은 4억 4,500만 원(감정가 대비 98.4%)이었다. 감정가에 육박하는 금액으로 결정한 이유는 역시나 내막을 잘 아는 누군가가 입찰할 가능성이 있었기 때문이었다. 또 감정가가 시세보다 1억 원가량 낮았던 점, 레버리지를 활용하면 높은 수익률을 기록할 수 있는 점 등을 고려한 가격 산정이었다.

　결과는 4명 입찰에 1위. 드디어 낙찰을 받게 되었다. 그러나 기쁨도 잠시였다. 2등의 입찰가는 4억 원 언저리로 2등과 4,000만 원 넘게 차이가 났다. 다른 입찰자 3명은 우리의 입찰가를 듣고 얼떨떨해하고, J 씨와 나는 다른 경쟁자들의 입찰가를 듣고 속이 쓰렸다. 하지만 늘 그렇듯 낙찰을 받았다는 사실이 중요한 것이고, 우리는 수익을 낼 자신이 있었기에 크게 개의치 않았다. 잔금 대출이 가능하다고 사전에 확인을 받았던 대출 상담사와 자필 서명 일정도 협의하고 단기 매도를 할까 임대를 놓을까 행복한 고민에 빠져 있던 그때, 갑자기 예측하지 못한 복병을 만나게 되었다.

그것은 바로 '항고'*. 채무자가 법원에 항고한 것이었다. 우리는 매우 당황스러웠다. 항고를 이론으로야 알고 있었지만, 막상 직접 겪고 나니 머릿속이 복잡했다. 항고의 사유는 무엇인지, 법원이 이를 받아들일 가능성은 얼마나 되는지, 다양한 걱정이 꼬리를 물었다.

o **채무자의 항고 관련 일반내용**

출처: 대법원 나의사건검색 화면

- '결정'이나 '명령'에 대한 상소를 말한다. 이 경우는 경매 매각결정에 대해 채무자가 불복해 상급 법원에 일종의 2심을 신청한 것이다.

* 민사집행규칙 제13조(즉시항고 이유의 기재 방법) 제2항
즉시항고의 사유가 법령위반일 때에는 그 법령의 조항 또는 내용과 법령에 위반되는 사유를, 사실의 오인일 때에는 오인에 관계되는 사실을 구체적으로 밝혀야 한다.

법령위반은 아닌 듯하고 경매 과정에서 사실의 오인이 있을 만한 게 무엇이 있을지 이리저리 머리를 굴려봐도 딱히 항고의 사유가 무엇일지 예측할 수 없었다. 나중에 사건 기록 열람을 통해 확인한 항고의 사유는 대략 '시세 대비 낮게 감정된 감정가격'

◦ **채무자의 항고이유서**

> 2. 시세를 완전히 무시한 감정평가
>
> 가. 부동산에 대한 감정평가라 함은 부동산의 위치, 교통, 주위환경은 물론이고 이용관계 및 제반 입지조건과 건축자재 사용 등을 구체적이고 개별적으로 반영하되 <u>무엇보다도 부근의 시세를 최우선적으로 고려해야 한다는 것이 항고인의 소견입니다.</u> 이 사건 부동산은 지하철 5호선 문촌동역 서측 위치에 있으며, 인근 버스 정류장이 소재하고 있어 대중교통이 매우 양호한 위치에 접하고 있습니다.
>
> 나. 그러나 이 사건 경매부동산에 대한 감정평가는 우선 시세로부터 현저하게 벗어난 감정이라 할 것입니다. 이 지역 부동산 중개업자들뿐 아니라 부동산에 문외한인 자들조차도 이른 바, "로얄동" "로얄층"에 속하는 이 사건 경매부동산은 최소한 금550,000,000원 정도에 달한다고 한결 같이 입을 모으고 있으므로 위 감정가 금452,000,000원은 결국 시

이었다. 전문가의 조언을 들은 것으로 보이긴 하지만, 항고이유서를 보니 항고가 집행법원에 의해 수용될 가능성은 작아 보였다. 경매 매각결정에 법령위반도, 사실관계 오인이랄 것도 없었기 때문이다. 그 와중에 항고이유서를 통해 낙찰 물건이 로열 동, 로열 층이라는 것을 새삼 확인한 것이 수확이라면 수확이었다.

비록 기각 가능성은 커 보였지만 마냥 법원의 결정을 기다리기만 하는 것보다는 부당한 항고에 맞서 무언가 분명한 행동을 하는 게 좋겠다는 판단이 들었다. 법원에 낙찰자의 억울함을 호소해 조금이라도 결정을 당길 수 있도록 하고 싶었다. 이에 놓면 뭐 하나 하는 심정으로 탄원서를 제출했다. 또한 임장 과정에서 만났던 소액 채권자도 탄원서를 제출하도록 설득해 총 2개의 탄원서를 제출했다.

○ 대법원 '나의 사건 검색'의 '사건 진행 내용'

2018.06.11.	○○○ 탄원서 제출
2018.06.18.	상대방 ××× 탄원서 제출

또다시 찾아온 위기

　예상대로 채무자의 항고가 기각되었다. 잔금 납부 후 그다음 절차를 순조롭게 밟아나가면 될 거라고 생각했지만 역시 돈을 버는 일은 쉽지가 않다는 것을 깨닫게 해주는 일이 생기고 말았다. 그것은 바로 '경매 취하' 가능성이 매우 높아진 것이었다. 당시 해당 아파트에는 낙찰 물건과 동일 채권자·채무자 건으로 경매가 진행되는 다른 동호수의 물건이 있었는데, 경매 진행 과정에서 채권자와 채무자가 서로 합심해 그 경매를 취하시켰다.

　채무자로서는 시세가 크게 오른 아파트를 제3자에게 싸게 넘어가게 하는 것보다는 채권자와 적당한 선에서 합의하는 게 이득일 수 있다. 그리고 채권자 역시 합의에 따른 변제가 시간적으로나 비용적으로 이득일 수 있었다. 결국, 서로의 이해관계가 맞아떨어져서 경매 취하까지 하게 된 것이다. 임장 과정에서 경매 신청 채권자가 장기간 채무를 갚지 않은 채무자에게 가지는 흔한 '적대감'이 보이지 않았던 부분이 떠올랐다. 또 채권자와 채무자가 지인 관계였던 부분도 새삼 생각났다. 모든 노력이 허공으로 사라질 수도 있겠다는 위기감이 몰려왔다.

　고민을 거듭한 끝에 경매의 취하를 막을 좋은 묘안을 찾아냈다. 그것은 바로 다른 일반 채권자의 채권을 매입해 중복경매•를 넣는 것이었다. 이를 통해 경매신청 채권자와 채무자가 짜고 치는 취하를 할 수 없도록 만들고자 했다. 만약 경매신청 채권자가 경매 취하를 하더라도 다른 건으로 경매를 계속 진행할 수 있도록 한 것이다. 이에 임장 및 조사 과정에서 연락처를 알고 있었던 일반 채권자 김○○ 씨에게 연락해 2,600만 원의 채권을 2,100만 원에 매입했고 해당 채권을 근거로 중복경매를 신청했다. 그리고 경매는 역시나 취하되지 않고 정상 진행이 되었다. 결국, 낙찰받은 지 5개월이 지난 2018년 8월경에 항고는 기각되었고 잔금을 치를 수 있었다.

달콤한 보너스

경매 배당절차를 통해 앞서 양도받은 채권을 가지고 배당까지 받게 되었다. 2,600만 원짜리 채권을 2,100만 원에 구매했기에 원금을 제하고도 500만 원이라는 달콤한 보너스까지 생긴 것이다.

- 경매개시결정을 한 부동산 경매물건에 대해 다른 채권자의 경매 신청이 있으면 법원은 다시 경매개시결정을 하게 되는데 매각 물건은 1개이고 사건 번호는 2개가 된다. 쉽게 말해 하나의 물건에 2개의 이름이 생기는 것이다. 이런 경우 먼저 부여된 사건 번호에 따라 경매 절차는 진행되며 먼저 진행되던 경매 사건이 정지, 취하, 취소되면 나중에 진행된 사건(후행 사건)에 의한 경매가 계속 진행된다.

2,600만 원을 배당받은 경매 배당표

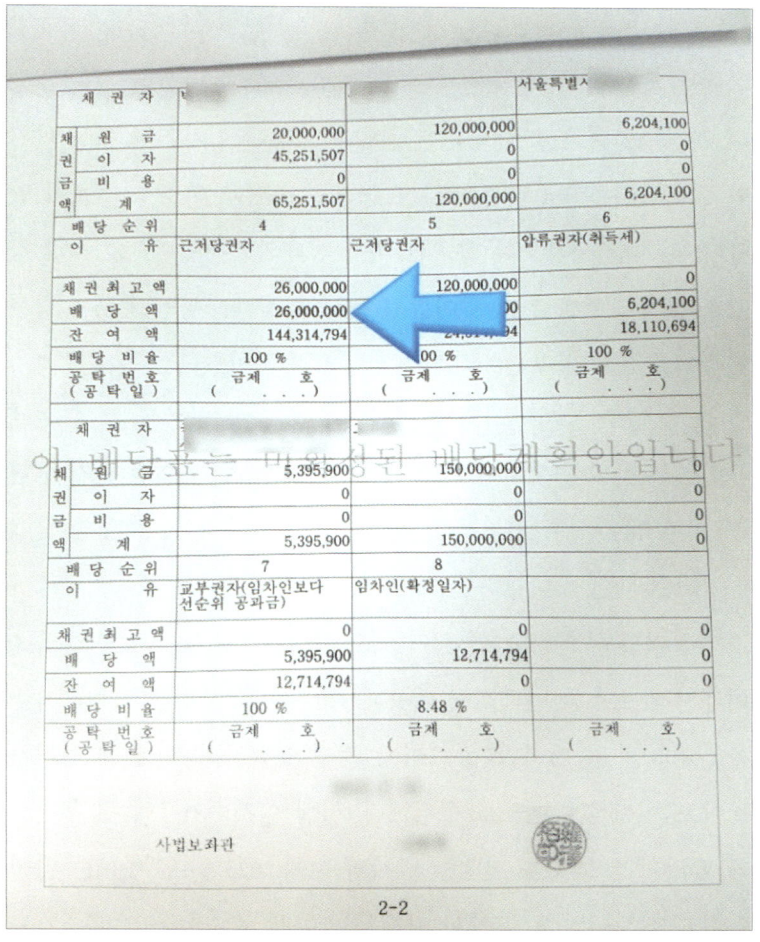

명도 협상과 임대

　우여곡절 끝에 잔금을 치르고 명도 협상에 나섰다. 초반에는 비교적 수월하게 마무리되는 듯했다. 그러나 임차인이 협상 마지막에 이사비를 300만 원이나 요구하는 바람에 다소 어려움이 있었다. 하지만 생각보다 양호한 내부 상태와 임차인이 중문 및 창고를 설치한 점을 고려해 이를 수용했다. 경매에서는 속도와 정신건강이 푼돈보다 우선이라고 생각하기 때문이었다.

　결국, 명도는 마무리되고 자잘한 인테리어 공사를 거쳐 전세 세입자를 맞이했다. 전세 금액은 4억 원이었다. 초대형 단지인 인근의 '헬리오시티' 입주가 시작되면서 지역의 전세 시세가 낮게 형성되던 때만 아니었다면 그 이상도 가능했을 것이다.

　낙찰가가 4억 4,500만 원이었고, 전세를 4억 원에 맞추었으니, 이래저래 소소한 인테리어 비용과 세금 등을 고려해도 실투자금은 6,000만 원 이하였다. 그리고 전세 세입자의 두 번째 만기가 돌아오는 시점에 매도를 결정했다. 사실 실거래가 7억 원 후반까지 갔었지만, 매도를 결정할 당시의 시세(2023년 4월 기준)는 많이 떨어진 상황이었다. 그래서 전세를 놓아서 좀 더 끌고 가는 것도 고려했었다. 하지만 여러 가지 사정상 매도를 하는 쪽으로 결정했다. 초급매로 내놓았고 금방 매수자가 나타났다. 매도가격은 6억 1,000만 원이었다.

○ 싱크대 수리 전(좌), 싱크대 수리 후(우)

○ 아파트 매매 계약서

실투자금 6,000만 원에 수익은 1억 6,500만 원, 수익률은 대략 275% 수준이었다. 사실 아쉬움이 조금 남는 투자였다. 낙찰 후 채무자의 항고 때문에 경매 절차가 지연되지 않았더라면 전세금을 더 높게 받을 수 있었을 것이다. 만약 그랬다면 무피 투자도 가능했다. 8억 원을 호가하던 아파트를 급매로 정리해야 했던 점도 아쉽다. 그러나 유치권을 직접 경험하며 배운 점이 많았고 수익도 충분히 실현된 만큼 전체적으로는 만족스럽다.

선순위 가등기 물건으로 3억 원 벌기
- 답십리 아파트 -

경매물건을 열심히 보던 2017년 어느 날, 유독 눈에 띄는 물건이 있었다. 서울 동대문구 답십리동의 한 아파트가 두 차례 유찰되어 64%까지 떨어져 있었다. 당시는 부동산 상승기였기에 100% 이상 낙찰도 흔하던 시절이었다. 그런 상황에서 이 정도의 저가는 매우 이례적이었다. 역시나 '특수물건'이었다. 그중에서도 가장 위험하다고 손꼽히는 선순위 가등기 물건이었다. 낙찰자가 잔금까지 모두 치른 뒤라도 선순위인 소유권 이전청구권 가등기에 의해 가등기권자에게 소유권을 뺏길 수도 있는 위험이 존재하는 건이었다.

○ **경매물건 조회 화면**

출처: 지지옥션

소재지: 서울 동대문구 답십리동

면적: 25.7평(85m²)

용도: 아파트

감정가: 5억 400만 원

매각가: 4억 2,897만 원(85.1%)

매각 기일: 2017.08.28.

- 가등기란 본등기를 할 법적인 요건이 충분히 갖추어지지 못했을 때, 임시로 등기부에 올려 두는 등기를 의미한다. 소유권 이전청구권 가등기는 매매 예약 등으로 매입할 것을 약속했으나 소유권을 확보하지는 못했을 때 미래에 그 권리를 주장할 필요가 있는 경우에 이용한다.

의심스러운 가등기

경매정보지를 유심히 봤다. 이런 특수물건은 해결이 가능한 경우 대박 사례로 이어지는 경우가 많아서 일반물건을 볼 때보다 더 집중하게 된다. 그런데 가등기에 의심스러운 구석이 많았다. 가장 의심스러운 점은 가등기권자의 이름이었다. 채무자(소유자) 이름이 장○자였는데 가등기권자의 이름은 장×자였다. 나이도 세 살 차이였다. 돌림자를 쓰는 자매로 강하게 추정되었다.

○ 가등기

4	소유권이전	2015년4월15일 제38450호	2015년4월14일 증여	소유자 장○자 581120-******* 서울특별시 중랑구
5	소유권이전청구권가등기	2015년4월23일 제42590호	2015년4월23일 매매예약	가등기권자 장×자 610517-******* 충청북도 음성군 생극면
5-1	5번가등기소유권이전청구권가처분	2015년6월2일 서울북부지방법원의 가처분결정(2015카단252 9)	2015년6월2일	피보전권리 사해행위 취소로 인한 소유권이전청구권가등기말소등기청구권 채권자 최○경 611010-******* 서울 동대문구 금지사항 양도 기타 일체의 처분행위 금지

또 의심스러운 점은 가등기의 시기였다. 채무자가 소유권을 이전받은 지 약 8일 만에 가등기가 설정된 것이었다. 친자매 간이라도 금전거래가 있을 수 있고 여러 사정으로 인해 가등기를 설정해 놓을 수는 있다. 그런데 소유권을 이전하자마자 가등기를 설정한다는 것은 특이하다고 볼 수 있다. 그럴 바에는 처음부터 가등기권자인 장×자가 매수하고 등기를 치면 되는 것 아닌가 하는 의문이 들었다. 정상적인 상황이라면 가족끼리 취득세와 법무사

비용까지 내면서 굳이 이렇게 하지는 않았을 것이기 때문이다. 해당 가등기에 대해 가처분이 되어있는 점도 의심스러웠다. 가처분의 피보전권리는 '사해행위 취소'였다. 즉 해당 가등기가 장○자의 채권자들에게 피해가 되는 행위(사해행위)이므로 이에 대한 취소를 구하는 절차가 진행 중이었다. 소유자에게 돈을 빌려준 채권자들이 이 가등기가 사실상 가짜라고 보고 법적 절차를 밟고 있는 것이었다. 이러한 이유로 해당 가등기가 가짜일 가능성이 매우 높다고 판단했다. 그래서 당시 경매 공부를 열심히 하던 K 씨에게 입찰을 권유했다.

임장과 핵심 증거

선순위 가등기가 사실은 가짜의 가등기일 것으로 보이는 간접 증거들은 많았다. 하지만 결정적인 증거는 없는 상황이었다. 그래서 좀 더 확실한 직접 증거를 수집하고자 노력했다. 위험을 완전히 통제하지 못한 것은 전혀 통제하지 못한 것과 같다고 볼 수도 있는 게 경매 판이기 때문이다. 임장 때 접촉할 최우선 대상자는 바로 선순위 가등기에 대해 가처분을 한 가처분권자였다. 가등기에 대해 가처분했다는 것은 내막을 잘 알기 때문일 수 있었다. 그래서 찾아간 채권자에게서 본래 기대했던 것 이상으로 결정적인 소식을 듣게 되었다. 바로 선순위 가등기권자를 상대로 사해행위 취소소송*을 진행해 승소했으며 상대방이 항소하지 않아 소송이 확정까지 되었다는 것이었다. 쉽게 말해 법원이 선순위 가등기가 허위임을 인정한 것이다. 우린 쾌재를 불렀다.

입찰가를 얼마로 써야 할지가 문제였다. 고민 끝에 감정가의 85%인 4억 2,800만 원을 입찰가로 정했다. 당시 시세보다 1억 원 정도 싼 입찰가였다. 비교적 높은 입찰가를 쓴 이유는 임장 당시 채권자로부터 자신을 찾아온 예비 입찰자가 여러 명이라는 것을 들었기 때문이었다. 가등기의 위험이 완벽히 제거되어 있다는 것을 아는 경쟁자들을 이기려면 높은 수준의 입찰가가 필요하다고 생각했다. 또한 내막을 잘 아는 채무자 측에서 입찰에 나설 가능성도 고려해야 했다.

낙찰과 복병

결국, 낙찰을 받았다. 입찰자가 10명이었는데 2등과는 불과 500만 원 차이였다. 상당히 고무적인 결과였다. 그리고 이어진 명도. 잔금 납부 후에 한 달 반 정도 채무자와 줄다리기 끝에 150만

• 사해행위 취소소송이란 채무자가 자신의 책임재산을 처분하여 채권자에게 해를 끼친 경우, 채권자가 그 사해행위를 취소(원상회복)시켜 책임재산을 확보하려고 제기하는 소송이다.

원 정도를 채무자 측에 주고 명도가 완료되었다. 명도 협상 초기에는 채무자의 비협조적인 태도로 인해 강제집행까지 갈 것으로 예상했으나 잘 마무리된 편이었다. 하지만 채무자는 마지막 가는 길에도 아파트 내부의 큰 창을 깨는 등 무례하게 행동했다. 하지만 그 정도 수리비는 수익에 비하면 미미한 것이기에 크게 신경 쓰지 않았다. 깨진 창을 보수하고 인테리어필름 작업 등을 하는 데 500만 원 정도를 썼다. 전세로 내놓으면 투자금의 대부분이 회수될 수 있을 것으로 보였다. 그런데 예상치 못한 복병을 만났다. 사해행위 취소소송에서 패소해서 확정판결까지 받았던 상대방(가등기권자 장×자)이 추완항소[●]를 제기한 것이었다.

정말 아닌 밤중에 홍두깨 같은 일이었다. 1심에 이겨서 확정까지 된 판결에 대해 2심을 다시 진행하게 될 줄은 상상도 못 했기 때문이다. 추완항소라는 개념 정도는 알고 있었지만, 막상 이렇게 당하게 되니 어안이 벙벙했다. 아무리 말도 안 되는 억지스러운 항소라고 할지라도 소송이 제기된 이상, 어찌 되었든 법원은 재판을 열어서 심리를 해야 한다. 그 의미는 이 추완항소가 완료될 때까지 등기부에 있는 선순위 가등기를 말소할 수 없다는 것이었다. 선순위 가등기가 있는 상태에서는 임대를 놓기도 대출을 받기도

● 추후보완항소의 줄임말이다. 항소는 1심 소송에서 패소한 뒤 항소 제기 기한 내에 제기해야 한다. 그런데 피고는 본인이 책임질 수 없는 사유로 인해 이 기간 내에 항소하지 못한 경우(판결 송달을 못 받은 경우) 제기할 수 있다. 단 책임질 수 없는 사유가 없어진 날로부터 2주 이내에 추완항소를 제기해야 한다.

어려울 수밖에 없었다. 빠르게 가등기를 말소하고 전세보증금으로 투자금을 회수하려던 계획은 보기 좋게 빗나갔다. 혹시나 패소하는 것 아닌가 불안한 마음이 없진 않았지만, 워낙 선순위 가등기가 가짜라는 증거가 많고 상대의 대응도 전략적인 것은 아니어서 결국 2심에서 승소했다. 그러나 상대방은 상고(3심)까지 제기했고 결국 잔금일로부터 약 1년 4개월 뒤인 2019년 2월에서야 최종 승소 및 선순위 가등기를 말소할 수 있었다. 이 과정에서 대출이자를 제하고도 소송비용(경매 전문 법무법인) 등으로 약 2,000만 원의 추가 비용이 들었다. 예상치 못한 리스크로 마음고생하고 비용을 들여야 했다. 그렇지만 소송이 진행되는 동안 아파트 시세가 크게 오른 상황이라 금세 털어버릴 수 있었다.

매도와 수익

낙찰자 K 씨는 결국 개인 사정 등으로 인해 고민 끝에 임대가 아니라 매도를 진행했고 최종적으로 7억 1,000만 원에 매도했다. 낙찰일로부터 약 1년 10개월 만이었다. 수익은 세전 약 2억 8,000만 원이었다. 소송비용과 지출된 이자를 고려해도 매우 큰 수익이었다.

리스크를 통제했다고 판단했지만 생각지 못한 복병을 만난 케이스였다. 이 건을 통해 특수물건에서 리스크를 완벽히 통제한다는 게 쉽지 않음을 깨달았다. 수익에 비해 추가 비용이 많이 들지 않았고 승리할 것이 확실했지만 그 과정에서 정신적인 소모도 컸다. 그래도 이 건을 통해 특수물건 해결의 실마리는 법률적 지식이 아니라 발품(임장)으로 찾게 될 가능성이 높다는 것을 깨달았다. 그리고 우여곡절 끝에 맛보는 달콤한 수익은 특수물건이 가진 매력 중 하나임을 절실히 느꼈다. 끝으로 부동산 투자를 하는 데에는 예상치 못한 변수에도 흔들리지 않는 굳건한 마음가짐이 필수라는 점을 다시금 가슴에 새기게 되었다.

4,000만 원으로 5개월 만에 6,000만 원 벌기
- 분묘기지권 -

돈 되는 경·공매 물건은 정말 많다. 하지만 누가 봐도 돈이 될 것 같은 물건들은 그만큼 경쟁이 치열하다. 경쟁은 덜하면서 수익은 짭짤한 대표적인 물건이 바로 분묘가 있는 토지 물건이다. 심지어 단기 매도로 해결되는 경우도 많다. 이러한 대표적인 사례를 보도록 하자.

경기도 북부의 4차선 도로에서 옆으로 뻗은 시멘트 도로로 조금만 올라가면 모 종중˙의 선산이 나온다. 이 종중 토지 일부에 대한 공매가 진행되었다. 공매 토지는 등기부상 종중의 소유는 아니었고 법인 소유였다. 아마도 종손 등 종중의 일원 명의로 두고 있던 토지가 이런저런 사정으로 돌고 돌다 공매까지 진행된

○ **경매물건 조회 화면**

출처: 지지옥션

것으로 추정되었다. 임야였고 크기는 600평 정도였다. 감정가는 1억 2,000만 원 정도였고 30%대까지 유찰된 상태였다. 이렇게까지 떨어진 데에는 여러 이유가 있었지만, 맹지인 데다 전체 토지의 1/2정도가 종중의 분묘로 쓰이고 있는 게 결정적이었다.

공매 재산 명세에도 '지상에 분묘 수기가 소재하므로 분묘기지권 성립 여부 등에 관해 사전 조사 후 입찰 바람'이라고 유의 사항이 공지되어 있었다. 상황이 이러다 보니 결국 3명이 경합해 감정가의 32% 수준인 약 4,000만 원에 낙찰되었다.

● 공동선조의 분묘의 보존, 제사의 이행, 종원(족인)간의 친선·구조 및 복리증진을 도모하는 가족 단체를 말한다.

○ **분묘 관리를 위한 컨테이너(좌) / 고급스러운 분묘(우)**

큰 관심이 있던 물건이라 진행 상황을 꾸준히 확인했던 건이었다. 사실 한 번 더 유찰되면 입찰하려 했었다 보니 아쉬움이 계속 남았다. 대박 물건을 놓친 것 같은 느낌이 들었다. 그런데 아니나 다를까 잔금 납부 및 소유권 이전이 된 2020년 7월로부터 불과 5개월 만인 2020년 12월에 종중에 매도되었다. 매각가는 1억 원이었다. 낙찰자는 4,000만 원을 투자해 5개월 만에 6,000만 원의 수익을 얻은 것이다.

○ **경매물건 등기부 등본 발췌**

| 29 | 소유권이전 | 2020년12월30일 | 2020년12월2일 | 소유자 | 종중 1 |

어떻게 이런 일이 가능했을까?

고수익 단기 매도의 내막을 알려면 우선 분묘기지권˙에 대해서 이해해야 한다. 우리나라는 예로부터 조상에 대한 공경과 효의 정신을 중시했다. 그래서 조상의 분묘를 좋은 곳에 설치하고 이를 수호·관리하는 장묘 문화가 이어져 내려왔다. 그런데 자기 소유의 임야 등 토지가 있는 경우에는 문제가 없으나, 그렇지 않은 경우, 타인 소유 토지에 분묘를 설치하는 경우도 많았다. 이러한 관습은 토지 소유자와 분묘 수호자 사이에 분쟁을 불러왔다. 대법원은 이와 같은 분쟁을 지상권과 유사한 분묘기지권을 인정하는 방향으로 해결해 왔다.

즉 토지 소유자의 승낙을 받고 분묘를 설치한 경우(승낙형 분묘기지권), 자기 소유 토지에 분묘를 설치한 후 분묘 철거에 관한 약정 없이 토지를 처분한 경우(양도형 분묘기지권), 타인 소유의 토지에 무단으로 분묘를 설치한 후 20년간 평온하고 계속적으로 분묘를 점유한 경우(시효취득형 분묘기지권) 분묘기지권을 인정했다. 장묘 문화는 사망 후 일률적으로 매장하던 관습에서 화장, 수목장 등 다양한 형태로 바뀌고 있다. 또한 분묘가 위치한 임야 등 토지의 가치도 세월이 흐르면서 크게 상승했다. 그러다 보니 토지소유

● 분묘가 다른 사람 명의의 토지 위에 설치된 것이라 하더라도 분묘와 그 주변 일정 면적의 토지에 대해서는 사용권을 인정해주는 관습법상의 권리를 말한다.

권을 영구적으로 제한하는 분묘기지권에 대해 개선이 필요하다는 인식이 커졌다. 그렇다고 분묘기지권을 인정하지 않게 되면 전국의 수많은 분묘를 두고 큰 혼란이 일어날 것이다.

결국 대법원은 분묘를 철거하게 하기는 현실적으로 어렵다 보니 토지 소유자가 지료(토지의 사용료)를 청구할 수 있도록 하는 판결을 내리고 있다. 물론 분묘가 있는 토지를 낙찰받으면 무조건 분묘기지권자(통상 장남, 장손)에게 지료를 달라고 할 수 있는 것은 아니다. 승낙형 분묘기지권에 대해서는 지료 청구를 할 수 있게 되었다고 말하기 어려운 부분이 있다. 하지만 이마저도 시대의 흐름에 맞게 바뀌리라 생각한다.

본 공매 건의 경우 경매물건인 임야가 종중 명의가 아닌 것으로 되어 있었지만 실제 소유 및 관리자는 명백히 종중이었다. 묘터임을 알리는 비석이 묘터 입구에 세워져 있어 이를 공표하고 있기도 했다. 이러한 이유로 해당 임야가 타인에게 공매로 양도된 것이기 때문에 양도형 분묘기지권이라고 보는 게 타당했다. 따라서 종중을 상대로 지료 청구가 가능했다. 결국, 이러한 상황을 잘 아는 종중 측에서 지료를 내는 것보다 매입하는 쪽으로 선택한 것으로 볼 수 있다. 낙찰자로서는 단기간에 6,000만 원이라는 수익을 올릴 수 있어서 좋고 종중 입장에서는 감정가보다 2,000만 원 정도 싸게 매입하는 거니 서로 적정한 수준에서 합의했다고 봐도 될 것 같다.

한 가지 의문

왜 종중은 진작에 공매 절차에서 해결하지 않고 뒤늦게 낙찰자로부터 사들인 것인지 의문이 들 수 있다. 종중은 공매 절차에서 해결하지 않은 것이 아니라 못한 것으로 봐야 한다. 더 정확하게는 공매의 진행 자체를 몰랐을 것이다. 종중 명의도 아니고 그렇다고 종중이 등기부에 기재된 채권자도 아니기에 공매 절차에 대한 아무런 통지도 받지 못했을 것이다. 설령 알았더라도 분묘라는 큰 하자 때문에 입찰자가 없을 것으로 보고 저가 낙찰을 계획하다가 일이 틀어졌을 가능성도 있다(특수물건엔 의외로 이런 경우가 많다).

분묘가 있는 토지는 단기 매도가 어렵더라도 지료를 받을 수 있고 지료가 연체되면 분묘를 철거할 권한을 얻을 수도 있다. 즉 칼자루는 낙찰자에게 쥐어져 있는 셈이다. 약간의 공부와 협상력, 그리고 물건을 고르는 안목만 더해지면 안정적인 수익을 올릴 수 있는 분야다. 이런저런 선입견과 무지로 인해 일반인은 분묘가 있는 물건에 접근을 꺼린다. 하지만 그렇기에 치열한 경매 판에서 확실한 블루오션이 되는 것이다. 물론 사전에 충분히 공부를 하고 처리 방법에 대한 확신이 서는 물건에만 입찰해야 한다. 잘 가꿔진 분묘와 저렴한 가격만을 믿고 섣불리 덤벼서는 안 된다.

1/7 가격 토지 매입기
- 안동 지분 토지 -

경매물건을 보다 보면 지분 물건을 쉽게 접할 수 있다. 토지나 건물 등을 지분 형태로 여러 명이 소유하고 있다가 그 소유자 중 한 명의 경제 상황이 나빠지면서 일부 지분만 경매에 나오는 것이다. 평균적으로 보면 이러한 지분 물건은 다른 일반물건에 비해 유찰이 잦은 편이다. 낙찰을 받아봐야 단독으로 활용하기 어려우니 어쩌면 당연한 결과다.

하지만 지분 물건이 가지는 이러한 하자는 투자 포인트가 되기도 한다. 경매로 싸게 낙찰받아서 나머지를 보유하고 있는 타 지분권자(공유자)와 협상을 통해 타 지분권자에게 적정한 가격에 매도하는 것이다. 협상이 여의치 않으면 경매물건 전체를 점유 및 사용하고 있는 사람에게 사용료를 청구할 수도 있다. 또한 최종적으로는 공유물분할청구 소송을 통해 여러 명이 각 지분만큼 쪼개서 단독으로 쓰게 해달라고 청구(현물분할)하거나 쪼갤 수 없는 경우에는 전체를 경매에 넣어서 낙찰되면 낙찰 대금을 지분별로 나누기도(현금 분할) 한다.

경매 지식의 상향 평준화로 인해 지분 물건이라고 해서 무조건 많이 유찰되지는 않는다. 아파트 등 주거용 물건이나 입지가 좋은 물건 등 안정적인 수익이 예상되는 물건은 경쟁이 만만치 않다. 그래서 나는 사람들의 관심이 크지 않은 물건을 위주로 보곤 한다. 흙 속에서 진주를 캐내는 느낌이 좋기 때문이다.

○ **경매물건 조회 화면**

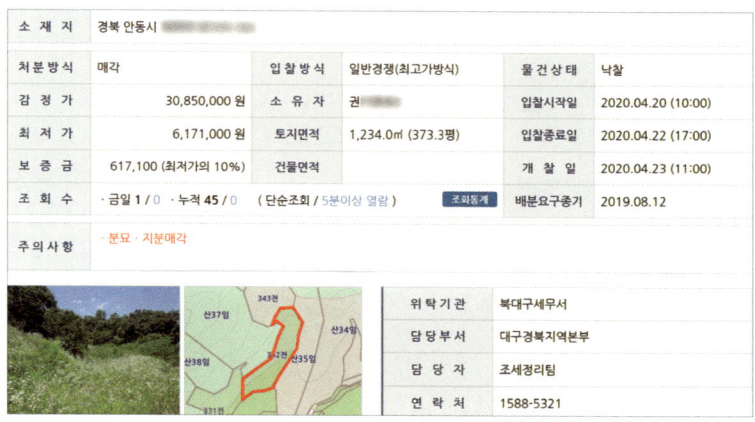

출처: 지지옥션

소재지: 경북 안동시

면적: 373.3평(1,234m²)

용도: 전

감정가: 3,085만 원

낙찰가: 650만 원(21%)

매각 기일: 2020.04.20.

어느 날 공매 물건을 보던 중 경북 안동시의 토지 지분 물건이 눈에 들어왔다. 전체 1,120평의 토지 중 1/3 지분 물건이었다. 감정가 3,000만 원짜리 물건이 20%까지 유찰되어 최저가가 600만 원에 불과했다. 지분 물건이라고 해도 20% 수준까지 떨어지는 경우는 흔하지 않은데 조금 의아했다. 물건을 자세히 살펴보니 이 물건의 공고에는 다음과 같은 주의 사항이 있었다.

'지상에 분묘 소재 여부는 알 수 없으므로 입찰자 책임하에 공부 및 현황 등 사전 조사 후 입찰 바람'

분묘 문제 때문에 유독 많이 유찰되었던 것이었다. 큰 단점에도 불구하고 이 물건에 관심이 갔다. 우선 경북 안동시는 나의 친척들이 많이 거주하고 있는 곳이라 종종 내려갈 일이 있었다. 따라서 관리의 측면에서 유리할 것으로 판단되었다. 무엇보다 너무나도 저렴했다. 당시 주변 실거래가는 평당 7만~13만 원 수준이었는데 이 물건은 최저가 기준 평당 1,600원까지 떨어져 있었다. 시세의 1/4에서 1/7 수준에 불과한 가격이었다.

저렴하게 낙찰받는 것은 큰 무기가 된다. 저렴하게 받을수록 낙찰 후 타 지분권자에게 내 지분을 사가라고 하기도 좋다. 안전 마진을 확보하고 가격 협상의 우위에 설 수 있게 된다. 또 지분을 싸게 낙찰받으면 타 지분권자의 지분을 내가 가져오는 데도 유리하다. 간혹 타 지분권자와 협상을 하다 보면 타 지분권자가 낙찰자에게 자신의 지분을 사라고 하기도 한다. 싸게 받아서 안전 마진을 확보한 상태이기 때문에 타 지분을 비교적 높은 가격에 인수하더라도 충분히 수익이 날 수 있는 것이다. 이도 저도 안 되면 지분권자들이 힘을 합쳐 전체를 제3자에게 매도하거나 공유물 분할을 위한 형식적 경매˙를 통해 현금 분할을 하기도 한다. 이 경우에도 지분을 싸게 낙찰받은 낙찰자는 수익률이 높아질 가능성이 크다.

분묘가 있다는 게 무조건 단점인 것은 아니다. 만약 분묘가 실제로 있고 해당 분묘가 타 지분권자의 선대 조상의 분묘라면 타 지분권자가 분묘를 지키려고 할 수도 있기 때문이다. 따라서 협상에서 유리한 고지에 설 수도 있다. 그러나 연고자를 알 수 없는

˙ 공유물 분할을 위한 형식적 경매란 지분권자가 부동산을 현물(현금)로 나눠갖기 위해 진행되는 경매를 말한다. 상속이나 이혼 등으로 현물분할이 필요한 경우에 이뤄진다.

버려진 분묘만 덩그러니 있는 거라면 토지의 가치가 낮아질 수도 있고 처분하는 데 어려움을 겪을 수도 있다는 점을 생각해야 했다. 역시나 임장을 통해 분묘의 존재 여부를 직접 확인할 필요가 있었다. 마침 지인의 결혼식이 그 근처에서 있어서 시간을 내어 임장을 가봤다. 그런데 문제가 생겼다. 풀들이 우거져서 분묘가 있는지가 불분명했다. 과거부터 최근까지의 위성 지도를 열심히 살펴봐도 딱히 분묘가 있는 모습이 보이지 않았지만 그렇다고 분묘가 없다고 단정 짓기는 어려웠다.

오전 이른 시간이라 주변에 사람이 없어 물어볼 수도 없었다. 임장을 마치고 결혼식에 참석한 뒤, 오후에 다시 물건지로 가봤다. 다행히 물건지 남측 축사에서 일하고 있는 현지 주민을 만날 수 있었다. 그리고 현지 주민으로부터 핵심적인 정보를 들었다. 원래는 분묘가 있었지만 얼마 전에 이장(분묘의 이전)했다는 것이었다. 결국 임장을 통해 얻은 핵심 정보를 가지고 이 물건에 입찰했고 감정가의 21% 수준에 낙찰받을 수 있었다.

낙찰 이후

1/3 지분 낙찰 후 타 지분권자들에게 우편을 보냈다. 토지와 관련해 협의를 원한다는 내용이었다. 얼마 뒤, 모르는 번호로 전화가 왔다. 타 지분권자였다. 타 지분권자는 초반에는 다소 공격

적이었다. 그는 나에게 어쩌자고 지분 물건을 낙찰받았냐고 물었다. 나는 물건지 주변을 잘 아는 사람이고 겸사겸사 낙찰받았다고 했다. 첫 통화부터 내 지분을 사가라는 식으로 먼저 말하게 되면 상대는 낙찰자를 이런 물건을 전문적으로 노리는 꾼으로 여기는 경우가 있다. 그래서 나는 '약간 어리숙한 실수요자' 느낌으로 협상을 시작한다. 그러면 상대는 대부분 경계를 조금 풀고 이런저런 뒷이야기를 해준다.

이 물건의 사정은 이랬다. 권씨 성을 가진 친척 3명이 부모님 묘지로 사용하기 위해 6년 전 즈음에 각 1,000만 원씩 갹출해 총 3,000만 원으로 이 토지를 샀고 1/3씩 지분을 소유했다는 것이었다. 그런데 묘지로 사용할 다른 땅이 생겨서 이곳의 묘지를 이장했고 현재는 그냥 놀리는 땅으로 둔 상태였다. 이장까지 한 것을 보면 다시 매도를 하려는 의도가 있었을 것으로 보이지만 지분 공매가 진행되는 바람에 이마저도 쉽지 않았던 것 같았다.

이후 몇 번의 통화에서 타 지분권자는 자신들의 토지 지분(2/3)을 원래 구매 가격인 2,000만 원에 사라고 먼저 제안을 해왔다. 대략 평당 2,600원꼴인데, 주변 시세의 절반도 안 되는 가격이므로 나쁘지는 않은 제안이었다. 무엇보다 이미 난 1/3 지분을 평당 1,700원에 확보해 둔 상태이니 전체 토지를 6년 전 가격보다도 저렴하게 살 수 있는 셈이었다. 하지만 나는 '좀 더 고민해보겠다.'라고 답하고 별다른 연락은 하지 않았다. 나로서는 급할 게 전혀 없기 때문이다. 타 지분권자는 나의 동의 없이는 자신들의 지분을 처분하기도 어렵다. 그들이 나에게 제안한 금액인 2,000만 원에 지분으로 된 토지를 살 사람은 없을 것이기 때문이다. 특히 내가 1/3 지분을 낙찰받는 데 투자한 금액은 650만 원으로 소액이기에 투자금 회수를 위해 급히 나설 필요도 없다. 주거용 물건도 아니어서 주택 수나 세금 중과 등을 걱정할 일도 없다.

　이런 상황이기 때문에 나는 상대가 제시한 가격을 깎으려 하기보다는 시간을 두고 천천히 묵히는 전략을 택했다. 협상은 더 아쉬운 사람이 불리할 수밖에 없다. 매도하려고 기껏 비용을 들여 분묘를 이장까지 했다가 지분 공매로 인해 이러지도 저러지도 못하게 된 쪽은 상대방인 것이다. 협상의 주도권이 나에게 있는 만큼 장기적인 관점에서 천천히 접근하고자 한다. 세월이 조금 흐른 뒤 나머지 지분을 매입해 농업 경력용 및 농지연금용으로 사용할 수도 있고, 주변에 매도해도 될 것이다. 토지는 최소한 물가 상승률만큼은 상승하기 마련이므로 급할 이유가 없다.

특수물건 공략의
3가지 핵심 사항

앞서 살펴본 것처럼 높은 수익을 안겨주는 특수물건이라고 해서 꼭 대단한 지식을 요구하는 것은 아니다. 지식의 크기와 수익의 크기가 비례하지도 않는다. 그렇다면 특수물건으로 수익을 올리는 데 필요한 것은 무엇일까? 특수물건 공략의 3가지 핵심 사항을 정리해 봤다.

1. 핵심 개념을 이해하기

특수물건 공부를 하다가 흔히 빠지는 함정은 너무 폭넓게 알려고 하는 것이다. 유치권만 하더라도 법률 서적에서 찾아보면 그

양이 매우 많다. 관련 판례도 다양해서 제대로 공부하려면 꽤 많은 시간과 지식이 필요하다. 하지만 우리는 시험을 대비해서 공부하려는 게 아니라 수익을 내기 위해 공부하는 것이므로 핵심 개념을 이해하는 데 집중해야 한다.

유치권의 경우 핵심은 '점유'다. 유치권은 비유하자면 수리비를 받지 못한 시계 수리공이 수리비를 받을 때까지 시계를 가지고 있을 수 있는 권리다. 이때 유치권의 목적이 되는 채권은 '수리비'다. 수리비가 아니라 수리를 맡긴 사람과 수리공의 금전거래 채권은 유치권의 목적이 될 수 없다. 여기서 핵심 개념은 수리비로만 유치권을 행사할 수 있다는 것이다. 그런데 유치권이 신고된 물건 중에는 수리비(유치물에 의해 발생한 채권)가 아니라 다른 목적(채권자들이 받지 못한 다른 금전채권을 회수하기 위해)으로 시계(경매물건)를 점유하고 있는 경우가 있다. 이렇게 되면 유치권 자체가 성립할 수 없으므로 좋은 공략 대상이 된다. 또 수리공은 시계를 성실히 관리해야 할 의무가 있다. 수리비를 받지 못했더라도 시계를 임의로 팔거나 타인에게 대여하면 안 된다.

예외적으로 시계 주인의 동의를 받은 경우만 수리공이 타인에게 시계를 직접 대여해 돌려받지 못한 수리비를 충당할 수 있다. 여기서 핵심 개념은 시계 주인의 동의를 받은 경우에만 대여할 수 있다는 것이다. 그런데 유치권이 신고된 물건 중에는 실제로는 임차인이 살고 있으면서 '집주인과 계약했다'고 주장하는 경우가 종종 있다. 즉 유치권자가 소유자의 동의를 받지 않고 무단으로 물건을 대여한 상황이다. 또 보증금이나 월세도 집주인에게 송금하고 있다고 하는 경우가 있다. 시계 주인의 동의를 받아 수리공이 직접 대여한 경우가 아닌 것이다. 이런 경우 역시 유치권 성립 요건을 충족하지 않으므로 입찰을 충분히 고려해 볼 수 있다.

2. 기존 수익 사례와 유사 물건 찾기

핵심 개념을 이해했다면 이제 우리가 할 일은 명확하다. 유치물에 의해 발생한 채권이 아닌 다른 채권으로 유치권을 행사하고 있는 물건을 찾는 것이다. 또한 유치권이 신고되어 있지만 유치권자가 아니라 집주인과 직접 계약한 임차인이 사는 물건을 찾아내는 것이다. 온라인 손품으로도 확신을 가질만한 물건도 많고 임장에서 확인되는 경우도 있다. 다만 경험이 많지 않다면 두려울 수도 있다. 혹시 놓치는 게 있지 않을까 불안하기도 하다. 이럴 때 기존 수익 사례를 참고하는 게 필요하다.

집주인과 직접 계약한 임차인이 살고 있던 사례는 4장에서 소개한 '유치권 아파트로 3배 수익 내기' 부분을 참고하면 된다. 그 외 기존 수익 사례는 대표적인 경매커뮤니티나, 실전 투자자 혹은 경매 전문 변호사가 운영하는 블로그 등을 참고하길 바란다. 기존 사례를 참고하면 시행착오를 줄이고 의심을 확신으로 바꿀 수 있다.

3. 최악을 대비하기

최악을 대비하는 것은 특수물건 투자뿐만 아니라 모든 부동산 투자에서 반드시 필요한 지침이다. 하지만 특수물건처럼 변수가 많은 경우일수록 최악을 대비하는 게 중요하다. 유치권 물건이라면 경매물건을 점유하고 있는 유치권자와 길고 긴 소송을 각오하고 자금 계획을 준비해야 할 수도 있다. 지분으로 된 토지라면 상대 지분권자가 사주지 않아서 현물분할까지 가게 될 가능성도 있다. 그럴 경우를 대비해 분할된 토지를 직접 사용하는 구체적인 계획을 세워두는 것도 좋다. 최악의 경우를 대비하는 게 중요한 이유는 그 과정에서 어떤 경우에도 손해를 보지 않는 합리적인 입찰가를 정할 수 있기 때문이다.

'서촌의꿈'의 조언

협상이 먼저, 소송은 최후의 수단

　특수물건은 일반물건보다 수익률이 높은 편이다. 그래서 초보를 벗어난 경매인들이 도전하는 분야이기도 하다. 나 역시 한때는 특수물건만 집중해서 찾던 시절이 있었다.

　내가 대단한 경매 고수라서가 아니었다. 아무리 고수라 한들 내공을 다 쓸만한 물건이 자주 나오는 것도 아니고, 대게는 간단한 원리만 이해하고 있어도 입찰할 만한 물건이 다수를 이루기 때문이다. 어쩌다 내공이 필요한 물건이 나오더라도 내공의 정도에 따라 낙찰되는 것도 아니다. 결국은 입찰가에서 승부가 갈린다. 해당 부동산의 가치에 대한 평가를 얼마나 정확하게 하는가 혹은 향후 수익을 위한 계획을 얼마나 잘 세우는가 하는 부분이 돈 버는 핵심이 되는 것이다.

간혹 특수물건이나 일반물건 처리 과정에서 예상치 못한 문제가 생겼을 때 이를 소송으로 해결하려는 경우가 있다. 이는 공부의 양만 많고 실전이 부족한 경우에 자주 나타나는 현상이기도 하다. 소송으로 해결하려고 하는 것에는 여러 이유가 있다. 그중에는 비협조적인 상대와 협상을 하기보단 법률 전문가인 변호사를 통해 해결하는 게 심적으로 덜 힘들고 여러모로 편할 거라는 생각에서다. 그러나 이것은 매우 위험한 착각일 수 있다. 지인 P 씨가 겪은 사례부터 보자.

대놓고 가짜 유치권을 신고한 상대

P 씨는 전업 투자자다. 경매로 낙찰받은 건들이 부동산 상승기와 맞물려 대박이 났다. 그런데도 자만하지 않고 꾸준히 공부했고 누구보다 꼼꼼하고 보수적으로 물건을 분석하는 자타공인 경매 고수였다. 어느 날, 유치권이 걸려 있는 한 물건에 입찰하게 된다. 평소처럼 열심히 임장하고 공부한 결과, 해당 유치권이 가짜라는 것을 알게 되었다. 확실한 증거도 확보했다. 그리곤 마침내 낙찰의 기쁨을 맛보게 된다. 그런데 이후 유치권자와의 협상이 문제가 되었다. 가짜라는 증거가 명확한데도 상대는 막무가내로 큰돈을 요구했다. P 씨는 결국 협상을 중단하고 경매 전문 변호사에게 사

건을 의뢰하게 된다. 가짜 유치권자의 태도를 보니 협상이 장기화될 수도 있으리라 판단했다. 물론 협상 그 자체가 주는 부담감도 영향을 끼쳤다. 상대와 직접 협상하며 스트레스를 받기보다는 차라리 변호사 비용을 내는 게 낫다고 판단한 것이다.

재판은 순조롭게 진행되었다. P 씨는 유치권이 가짜라는 차고 넘치는 증거를 제시했고 상대는 제대로 대응하지 못했다. 그러던 중 판사가 P 씨에게 조정을 권했다. 사실상 유치권 부존재를 인정하는 취지로 조정할 테니, 소송비용은 각자 부담하고 사건을 조기에 마무리하자는 제안이었다. 조정을 수락하면 비용과 시간을 줄일 수 있고 판사는 판결문 작성의 부담에서 벗어날 수 있는 측면도 있다.

하지만 법정에서 P 씨는 단호히 조정을 거부했다. 상대는 경매를 방해한 범죄자이며 따라서 정의의 측면에서도 조정은 있을 수 없다고 말했다. 판결로 가서 P 씨의 소송비용까지 상대가 부담해야 한다고 주장한 것이다. 하지만 이 재판에서 P 씨는 패소했다. 갑자기 왜 패소를 하게 되었는지 정확하게는 알 수 없다. 하지만 정의 운운하며 재판에서 이야기한 것이 판사의 심기를 건드렸던 것 같다. 믿기지 않을지 모르겠지만 생각보다 이런 일은 빈번하다. 패소한 P 씨도 당황했지만 생뚱맞게 승소한 가짜 유치권자는 더 깜짝 놀랐다고 한다.

결국, 해당 재판은 2심까지 가게 되었다. 결과적으로는 2심 도중에 유치권자에게 설득 및 형사고소(경매방해죄 등)를 병행해 마침내 유치권 문제를 해결했다. 하지만 그 과정에서 P 씨가 부담해야 했던 소송비용, 늘어난 대출이자 등 경제적인 손해가 심했다. 무엇보다 P 씨가 겪은 심적 고통은 이루 말할 수 없이 컸다. 2심마저 패소하는 것은 아닌가 하는 스트레스로 탈모까지 왔다고 한다.

증거와 판례가 있다고 무조건 승소하는 게 아니다. 민사재판은 결국 판사를 설득하는 게임인데 판사의 마음이 내 마음 같지 않다. 때로는 너무나 비상식적인 판결이 내려지기도 한다. 확실한 증거라고 제시한 것에 대해서 판사는 많이 부족한 증거로 보는 경우도 허다하다. 경매 낙찰자를 돈 많은 강자라고 생각하는 판사도 많다. 이러한 편견은 재판을 시작부터 어렵게 한다. 따라서 소송은 '선택지 중 하나'가 아니라, 마지막에 선택하는 최후의 수단이어야 한다. 가능하다면 협상으로 마무리하는 것이 최선이다.

소송이 필요한 상황이라면

그런데도 소송이 필요한 상황이 올 수도 있다. 만약 그런 경우라면 일단 해당 분야에서 최고의 변호사를 구하자. 친구, 지인, 사돈의 팔촌 중에 변호사가 있다고 덜컥 맡기지 말자. 비싼 변호사 비용이 아깝게 느껴질 수 있다. 하지만 그 어떤 경우에도 패소하는 것보다는 낫다.

공유물분할 소송처럼 거의 형식적으로 진행해서 누가 맡아도 거기서 거기인 소송은 비싸지 않고 친분이 있는 변호사를 이용해도 좋다. 하지만 나름의 쟁점이 있는 소송이라면 무조건 구할 수 있는 최고의 변호사에게로 가자. 본인이 판단하기에 이길 확률이 95% 정도 되는 소송이라 할지라도 5%의 위험마저 통제하는 완벽한 투자자가 되자. 또 유능한 변호사를 구했다고 방심하지도 말자. 해당 내용을 가장 잘 아는 사람은 바로 본인이다. 변호사의 말만 일방적으로 믿지 말고 변론기일에 참석해 진행 상황을 직접 챙겨야 한다. 최소한 분위기라도 보고 느끼고 오길 추천한다. 특히 변호사에게 자료를 제출할 때 주요 사실관계나 본인이 생각하는 쟁점을 글로 적어서 주는 것이 좋다. 말로만 전달하다 보면 놓치는 부분이 생길 수 있기 때문이다. 유능한 변호사일수록 바쁘다. 그들도 사람이다. 의외로 중요한 사항을 놓칠 수도 있다. 의사소통 과정에서 생길 수 있는 작은 오류마저도 통제하자.

5장

반전의 상가 경매

"일정하게 들어오는 돈의 힘은 한 번에 들어오는 돈의 힘보다 훨씬 강하다."
- 김승호(『돈의 속성』 저자)

나는 차익형 투자를 위주로 해왔다. 부동산 상승기와 맞물려 성과가 나쁘지 않았기 때문에 월세 몇백만 원을 목표로 하는 수익형 투자에 큰 매력을 느끼지 못했던 것이 사실이다. 그런데 금리가 급격히 오르고, 아이가 자라며 지출 규모가 커지자, 꾸준히 일정하게 들어오는 월세 수익의 힘을 간과한 점을 반성하고 있다.

일정하게 들어오는 돈은 계획을 세울 수 있게 해주고 무엇보다 삶을 안정적으로 바꾸는 데 큰 도움이 된다. 빠른 은퇴를 원하는 파이어족들이 총자산의 규모보다도 월세 등을 통한 현금흐름을 중요하게 생각하는 이유이기도 하다. 그런 의미에서 상가를 구매해 월세를 세팅하는 방식은 앞으로도 계속 주목을 받을 것이다. 다만 일반매매로 구매하면 수익률이 낮은 경우가 많다. 그래서 상가 매입도 경매를 통해서 하는 게 유리하다. 대출도 일반매매보다 많이 받을 수 있다. 통상 낙찰가의 80%는 대출이 가능하므로 레버리지를 활용해 수익률을 극대화하고 재투자에 나설 수도 있다.

물론 우량한 상가 경매는 경쟁이 치열하다. 하지만 잘 들여다보면 인기가 별로 없어 보이는 상가를 아주 저렴하게 매입해 높은 수익을 올리는 경우도 많다. 또한 임대인의 과도한 채무 때문에 경매에 나오긴 했지만 상권도 좋고 임차인이 오래 안정적으로 영업하고 있는 상가들도 많다. 특히 최근에는 경매로 상가를 저렴하게 낙찰받아서 해당 상가에서 직접 사업까지 하는 방식도 많이 시도되고 있다.

이번 장에서는 다양한 사례를 통해 상가 경매의 틈새 시장과 유의점에 대해 함께 살펴보고자 한다.

비인기 상가의 반전
- 시흥 지하상가 -

　상가는 수익형 부동산의 대표적인 상품으로 꼽힌다. 안정적인 현금 흐름을 원하는 사람들이 큰 관심을 가지는 부동산이기도 하고, 임대료가 오르면 향후 매도 시 차익까지 창출할 수 있다. 그래서 상가의 인기는 매우 높다. 경매 시장도 예외는 아니다. 특히 안정적인 상권에 위치한 1층 상가는 치열한 경쟁률을 보이곤 한다.
　2018년 12월에 낙찰된 중랑구 신내동의 상가는 감정가 대비 205%의 낙찰가율을 기록했는데, 입찰자가 총 139명이었다. 아파트 단지 앞의 1층 코너, 초등학교 정문 앞, 소형(10평), 오래 영업 중인 임차인 등 장점이 많은 상가였다.

○ **139명이 입찰했던 중랑구 신내동 상가**

소재지	서울 중랑구 신내동 ###-##### ### ### ## ### (02076) 서울 중랑구					
경매구분	강제경매	채권자	김00			
용도	아파트상가	채무/소유자	이00	매각기일	매각	
감정가	180,000,000 (17.12.04)	청구액	160,049,186	종국결과	19.01.30 배당종결	
최저가	180,000,000 (100%)	토지면적	25.0㎡ (7.6평)	경매개시일	17.11.29	
입찰보증금	18,000,000 (10%)	건물면적	35㎡ (10.6평)	배당종기일	18.02.08	
조회수	1,863 (499) 누적조회수 / 1 (0) 금일조회 / 683 (330) 금회차 공고후조회 / 118명 최근 7일내 3일 이상 / 74명 최근 14일내 6일 이상			지지옥션 이용도 등에 따른 유형별 조회 비율 33%(22%) / 15%(27%) / 52%(51%) ( )는 낙찰된 동종 경매물건의 평균 조회 비율 레벨Ⅰ 레벨Ⅱ 레벨Ⅲ	조회통계상세	

출처: 지지옥션

이 사례를 통해 알 수 있는 것은 '누구나 좋아할 만한' 상가는 좋은 가격에 낙찰받기 어렵다는 것이다. 낙찰가율이 올라가면 올라갈수록 큰 수익을 기대하기 어렵다. 물론 일반매매보다는 낫지만 말이다. 조금 다른 시선으로 바라보면 신내동 상가 못지않게 좋은 상가면서도 낙찰 가능성과 수익은 더 크게 가져갈 수 있는 상가들이 많이 있다. 그중 경기도 시흥시 장곡동 상가의 사례를 보자.

이 물건은 338평 규모의 대형 지하상가로, 생활용품 할인점이 입점해 있었다. 감정가가 15억 원에 달하는 고가 물건이었다. 게다가 유치권까지 신고된 상태였다.

○ **경매물건 조회 화면**

출처: 지지옥션

소재지: 경기 시흥시 장곡동 지하 1층 상가

면적: 338평(1,118m²)

용도: 상가

임차 내역: 보증금 2억 원 / 월세 620만 원

감정가: 15억 500만 원

낙찰가: 13억 1,485만 원(87.3%)

매각 기일: 2018.04.26.

이 물건은 앞서 언급한 신내동의 1층 소형상가와는 여러모로 달랐다. 지하에 있는 338평의 대형 상가이기 때문이다. 일반인은 지하에 있는 상가라고 하면 좋지 않은 상가라고 생각한다. 창을 낼 수도 없고(환기의 문제) 간판을 걸 자리도 애매할 수 있다. 학원 등 일부 업종은 허가를 받는 것도 어려울 수 있다. 안 그래도 단점이 많은 지하상가가 경매까지 나왔다. 오죽 나쁜 물건이면 그럴까 싶다. 특히 이 물건은 주의 사항에 유치권까지 있다고 나온 물건이었다. 투자자들의 외면을 받기 딱 좋은 상황이었다.

이 물건에 주목한 이유

처음에 이 물건을 주목했던 건 유치권 때문이었다. 구축 상가에 그것도 임차인이 유치권을 신고한 것이 인정되기 어렵다고 봤기 때문이었다. '임차인이 지출한 영업장소 권리금이나 시설비(인테리어)는 건물의 객관적인 가치증가 비용(유익비)이 아니기 때문에 유치권이 성립할 수 없다. 이는 대법원 판례(93다62119, 91다15591호)를 통해 명확히 확인된 사실이다. 따라서 성립하기 어려운 유치권으로 인해 싸게 낙찰받을 수 있지 않을까 하는 기대가 있었다. 그런데 물건을 검토하면 할수록 물건 그 자체가 가진 여러 장점이 더 크게 보이기 시작했다.

첫째, 약 9,000세대의 배후 수요를 확보하고 있었다. 경매물건은 남쪽과 서쪽으로는 산이 막고 있고 북쪽과 동쪽으로는 7차선 이상의 도로가 있는 전형적인 항아리 상권에 있었다. 또한 주변에는 신축 아파트 몇 개가 추가로 들어오기로 계획되어 있었다. 특

○ 상업 지역(빨간 네모)과 물건 위치(A)

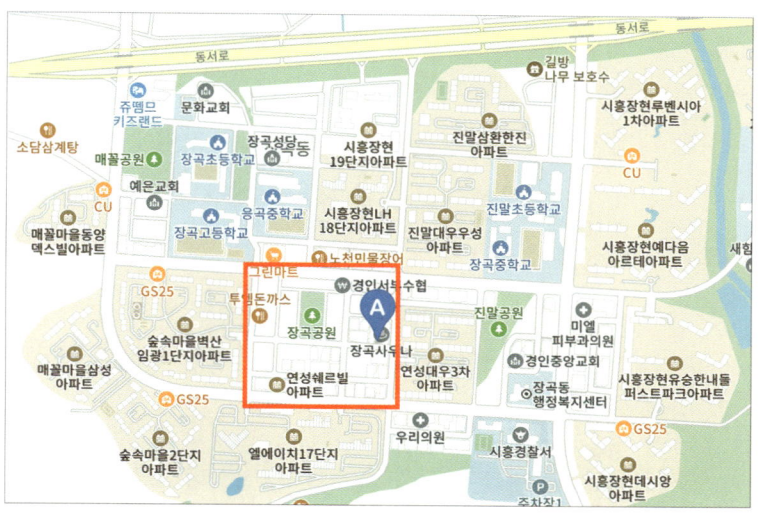

출처: 카카오맵

히 주변의 다른 상가들은 제2종 일반주거지역에 있었지만 경매물건은 상업지역에 속해 있는 것도 장점이었다. 참고로 상업지역은 상업이나 그 밖의 업무의 편익을 증진하는 데 필요한 지역으로 건폐율(대지면적에 대한 건축면적의 비율)과 용적률(대지면적에 대한 연면적의 비율) 등에 뚜렷한 장점이 있다. 상업지역은 우리나라 전 국토의 0.3%에 불과하다.

둘째, 지하상가 상층부는 약국, 병원 등이 입점해 있었다. 그리고 해당 상권 내에서는 임대료가 가장 비싼 편이었다. 지하지만 상권 내에서도 경쟁력을 가지는 입지다.

셋째, 건물의 주 출입구 쪽에서 지하상가로 바로 연결되는 통로가 있었다. 심지어 계단이 아닌 에스컬레이터로 된 통로였다. 이러면 지하상가의 단점인 나쁜 접근성을 상쇄하고도 남는다. 엘리베이터를 타거나 계단으로 올라가야 하는 2층 이상의 상가 못지않은 경쟁력을 가질 수 있다. 임대료가 높은 지역에서 대형 마트나 프랜차이즈 매장이 지하를 활용할 때 자주 사용하는 방식이기도 하다.

넷째, 건물 내부로 통하는 2개의 출입구 바로 위에 간판이 걸려 있었다. 보통 건물의 이름 등이 걸려 있는 중요 자리를 지하상가의 간판이 차지하고 있었다. 인근 아파트 단지 쪽이나 중심 도로 쪽에서도 잘 보이는 자리까지는 아니었다. 하지만 이 건물에 드나드는 모든 이에게 잘 노출되는 간판이었다.

다섯째, 압도적인 면적을 자랑하는 상가라는 점이다. 무려 1,118m²(338평)였다. 기업형 슈퍼마켓, 다이소, 각종 체육시설(실

○ 건물 정문 출입구와 간판, 에스컬레이터(녹색 네모) / 건물 후문 출입구와 간판

내 축구장, 어린이수영장), 초대형 피시방 등의 입점이 가능한 크기였다. 통상 330m²(100평) 정도만 되어도 좋은데 그 3배쯤 되는 크기니 매우 매력적이었다. 해당 상권을 통틀어 단연코 가장 큰 면적의 상가였다. 말 그대로 '규모의 경제'를 실현할 수 있는 상가였다.

여섯째, 앞서 살펴본 5가지 장점들로 인해 어떤 업종이 입점하더라도 동네 1등 자리를 차지할 가능성이 높았다. 실제로 경매 당시 임차인은 생활용품 할인점을 운영하고 있었는데 판매 물품의 종류 등에서 인근 경쟁 매장보다 큰 우위에 있었다. 100m 정도 거리에 다이소가 지하에 입점해 있었지만, 에스컬레이터도 없고 무엇보다 면적이 1/3 수준인 120평이었다. 우리나라를 통틀어 다이소와 경쟁에서 지지 않는 점포를 찾기는 힘들다. 하지만 이 상가에 입점한 업체는 뛰어난 장점을 가지고 당당히 경쟁하고 있었다.

입찰 전략

이 물건에 입찰하기로 했다. 낙찰 후 전략은 기존 임차인과 월세 인상 후 재계약(플랜A)하는 것이었다. 플랜B는 임차인을 내보내고 다이소를 입점(이전)시키거나, 또 다른 생활용품 할인점을 입점시키는 것이었다. 기존 임차인의 조건은 보증금 2억 원, 월세 620만 원이었다. 나는 기존 월세 대비 약 20%(130만 원)의 인상을 계획하고 있었다. 월세를 750만 원까지 끌어올리고자 한 것이다.

월세를 인상하더라도 임차인의 재계약 가능성이 크다고 봤다. 임차인이 9,000세대라는 탄탄한 배후 고객을 가진 상권에서 수년간 영업해온 만큼 이를 포기하기 어렵다고 판단했다. 특히 임차인이 유치권을 신고했는데 이는 임차인 본인이 입찰하기 위한 흠집 내기이거나 낙찰자와의 재계약 협상에서 우위를 점하기 위한 것이라고 보았다. 또 조사 과정에서 임차인이 영업을 위해 투자한 금액이 적지 않음을 확인하기도 했다. 대략 12억 5,000만 원에 입찰하면 임차보증금 2억 원을 제외한 실투자 금액은 10억 5,000만 원이고 예상되는 연간 월세 수입은 9,000만 원이었다. 연간 수익률 8.6%. 은행 대출 8억 원을 일으킨다면 레버리지 수익률은 연

○ **월 추정 수익표**

구분	금액	비고
예상 낙찰가(A)	12억 5,000만 원	
보증금(B)	2억 원	
대출액(C)	8억 원	
실투자금(E)	2억 5,000만 원	A−B−C
연간 이자(F)	3,600만 원	4.5% 기준(당시 이자율)
연간 수익(월세)(G)	9,000만 원	월 750만 원 x 12
이자 제외 연간 수익(월세)(H)	5,400만 원	G−F
연간 실질 수익률	21.6%	(H / E) x 100

간 21% 수준이었다.

플랜B에 대한 확신도 있었다. 만약 임차인이 나간다고 하면 1/3 크기에서 영업하고 있는 다이소 측에서 얼씨구나 좋다고 들어올 상황이라고 봤다. 경쟁점이 나가고 그 자리를 차지하면 사실상 시장을 독점할 수 있기 때문이다. 다이소가 위치를 옮겨 입점할 수 없는 상황이라면 판다팜 등 업계 2, 3위 업체에 입점 제안을 할 예정이었다. 기존 임차인과 재계약하는 플랜A보다 플랜B가 월세를 더 높게 받을 수 있을 것으로 봤다.

낙찰 이후

이 물건은 2018년 4월 26일에 13억 1,485만 원에 낙찰되었다. 입찰자는 나를 포함해 총 10명이었고 낙찰가율은 87.3%였다. 낙찰자는 아니나 다를까 바로 임차인이었다. 임차인은 10억 원 정도의 대출을 받았다. 월세 620만 원을 내는 것보다 10억 원 대출의 이자를 내는 게 당시 기준으로는 훨씬 더 나은 선택이었을 것이다. 이 낙찰자 겸 전 임차인은 2012년부터 무려 13년간, 즉 낙찰 이후 7년을 더 영업하다가 2025년 3월 15억 원에 상가를 매도했다. 매도 차액은 약 1억 8,500만 원이었다. 매우 모범적이고 영리한 엑시트 사례다.

단독주택이 상가로 탈바꿈
- 이상순 카페의 시작 -

　부동산 투자를 하다 보면 기존의 용도와 완전히 다르게 리모델링하거나 철거 후 재건축을 통해 가치를 크게 끌어올리는 사례를 자주 접한다. 허름한 상권의 건물을 리모델링한 다음 스타벅스를 입점시키기도 하고 단독주택을 허물고 카페나 원룸 건물을 올리기도 한다. 특히 요즘은 복고풍 감성을 살려 오래된 건물을 철거하지 않고 최대한 살리면서 리모델링하는 방식이 몇 년째 큰 인기를 끌고 있다.

　이런 트렌드가 가장 활발한 지역이 바로 제주도다. 돌담을 가지고 있는 오래된 시골집이 느낌 있는 펜션이나 카페로 바뀌기도 하고, 귤밭과 창고가 있던 곳에 멋진 단독주택이 들어서기도 한다. 많은 경매인이 제주에 대한 로망을 가지고 이러한 변신이 가능한 물건에 큰 관심을 둔다. 다양한 제주의 낙찰 사례 중, 낙찰 당시에도 주목받았지만 몇 년 뒤 임차인 덕에 다시 화제가 된 사례를 살펴보자. 이효리의 남편 이상순이 임차인으로 카페를 차려 큰 화제를 모은 제주시 구좌읍의 단독주택 경매 건이다.

◦ 경매물건 조회 화면

출처: 지지옥션

소재지: 제주시 구좌읍 동복리

면적: 41.2평(136.3m²), 제시외 포함

용도: 주택

감정가: 9,246만 9,900원

낙찰가: 1억 9,381만 원(209%) / 응찰자 74명

매각 기일: 2017.05.29.

제주공항에서 동쪽으로 해안도로를 따라 차로 약 40분 정도 이동하면 김녕항구로 가기 전에 구좌읍 동복리라는 바닷가 마을이 나온다. 2017년 당시만 해도 관광객을 상대하는 펜션과 작은 식당이 있긴 했지만, 아직 개발의 바람이 본격적으로 불지 않은 상황이었다. 그러던 중 이 작은 마을을 지나는 2차선 해안도로 앞 오래된 단독주택이 경매에 나왔다. 약 38평의 대지 위에 세워진 건물로, 건물 총면적은 41평이고 이 중 13평은 창고와 화장실 등으로 확장한 공간이었다. 얼핏 보면 크게 내세울 것 없는 주택처

○ 경매 당시 사진

출처: 지지옥션

럼 보였다. 수십 년 된 건물에는 세월의 흔적이 고스란히 드러나 있었다. 곳곳에 금이 가 있었고 창틀에는 부식해 흘러내린 녹물 자국이 있었다. 시멘트를 이용해 본 건물에 덧대어 지은 창고와 화장실은 조악했고 일부는 문도 떨어져 있었다. 제주 특유의 돌담으로 지어진 것도 아니고 대지가 넓은 것도 아니어서 마당은커녕 주차할 공간도 없었다.

그런데도 2017년 5월 29일에 진행된 경매에서 응찰자 74명, 낙찰가율 209%, 매각가 1억 9,381만 원에 매각되었다.

인기의 이유

무엇때문에 이토록 볼품없는 단독주택에 사람들이 몰린 것일까? 첫 번째 이유는 낙찰 당시만 해도 제주 시골의 고즈넉한 정취가 여전히 많이 남아 있었다는 점이다. 제주는 어디를 가나 개발된 관광지를 만날 수 있다. 하지만 조금 더 조용하고 제주다운 느낌을 주는 곳을 찾는 관광객의 수요 또한 크다. 물건이 위치한 구좌읍 동복리가 그런 곳이다. 유명한 관광지가 있는 것도 아니고 그저 바다를 끼고 있는 작은 어촌이다. 하늘색 지붕의 오래된 주택들이 주를 이루는 곳이었다.

특히 동복리 남쪽으로 지나가는 왕복 4차선 도로(일주동로)로 인해 제주도 현지 주민들은 마을을 관통하는 안쪽 길을 잘 이용하지 않는다. 마을에 볼일이 있거나 해안도로를 타고 바다 경치를 보려는 관광객 정도만 마을 안길을 이용한다. 그래서 현재까지도 동복리를 가로지르는 2차선의 마을 안길은 크게 붐비지 않는다.

○ **동복리 전경과 도로의 모습**

인기의 두 번째 이유는 바로 해당 물건이 일반상업지역에 있다는 점이다. 일반상업지역은 도시계획법상 상업 및 업무기능을 담당하기 위해 지정되는 지역을 말한다. 1종 및 2종 근린생활시설, 숙박시설, 판매시설 등의 건축이 가능하고 건폐율과 용적률에도 큰 이점이 있다. 참고로 우리나라 국토 중 상업지역의 면적 비율은 0.3%이고 도시지역으로 한정해도 1.9%에 불과하다. 입찰 당시에는 오래된 단독주택이지만 다양한 상업적 용도로 활용할 수 있는 장점이 있었다. 입찰자 대부분도 미래 가치에 주목했다.

○ **상업지역에 있는 모습**

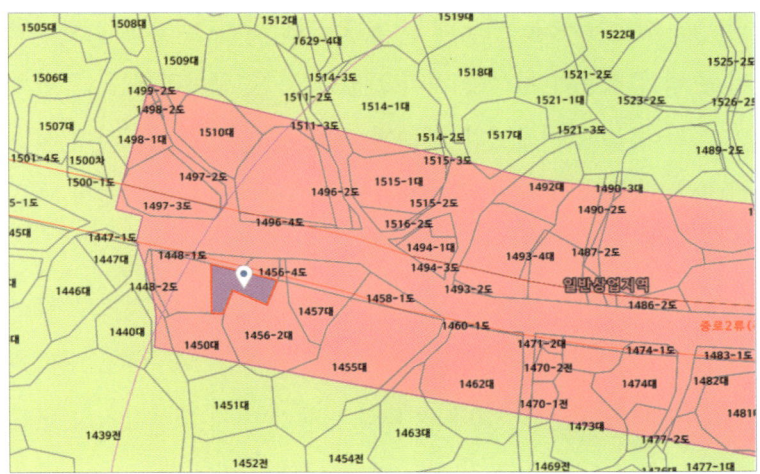

세 번째 이유는 감정가격이 지나치게 낮게 책정되었기 때문이었다. 비교표준지로 선정된 사례는 감정 시점보다 2년 전 거래였는데, 그 사이 제주 전역에서 나타난 가격 상승 흐름을 반영하지 못했다. 이로 인해 감정가격이 실제 시세보다 현저히 낮게 산정되었고, 그 점이 많은 사람들이 이 물건에 몰린 이유 중 하나가 되었다.

낙찰 이후

자그마치 74명의 경쟁자를 물리치고 낙찰을 받은 낙찰자는 뜻밖에도 오랜 기간 이 주택에 어떠한 변화도 주지 않았다. 리모델링이나 재건축 등을 시도해 볼 만했는데 말이다. 그런데 낙찰된 이 주택이 조용히 자리를 지키고 있는 동안, 동복리에는 큰 변화의 바람이 불기 시작했다. 펜션과 카페 등이 속속 들어서기 시작하더니, 지역의 명소가 될 만한 대형 카페까지 들어서면서 마을 전체가 점차 유명세를 타기 시작한 것이다.

대형 카페는 BTS(방탄소년단)의 가족이 운영하는 것으로 알려졌는데 뮤직비디오 촬영 및 공연 등에 이용되기도 했다. 수많은 연예인이 방문하기도 했다. 동복리 전체가 마치 주차장처럼 변할 만큼 엄청난 인파가 몰리기도 했다. 다행히 카페 맞은편에 넓은 주차장을 조성하면서 어느 정도 문제가 해결되었다.

그러던 중 드디어 낙찰 물건에도 큰 변화가 찾아왔다. 새로운 임차인이 직접 리모델링하고 작은 카페를 열었다. 그런데 이 임차인이 이효리의 남편 이상순이었다. 조용한 개업을 하고 싶었던 것 같지만 바람과는 달리 언론에 대대적으로 보도되어 큰 이슈가 되었다. 사람들이 몰려가 100m 가까이 줄을 서는 진풍경이 벌어졌고, 민원까지 발생하면서 결국 예약제로 바뀌었다. 내·외관을 리모델링하긴 했지만 화려함보다는 수수함이 묻어나는 쪽으로 변신했다.

◦ **이상순 카페의 위치(붉은색), BTS 카페와 맞은편 주차장 위치(파란색)**

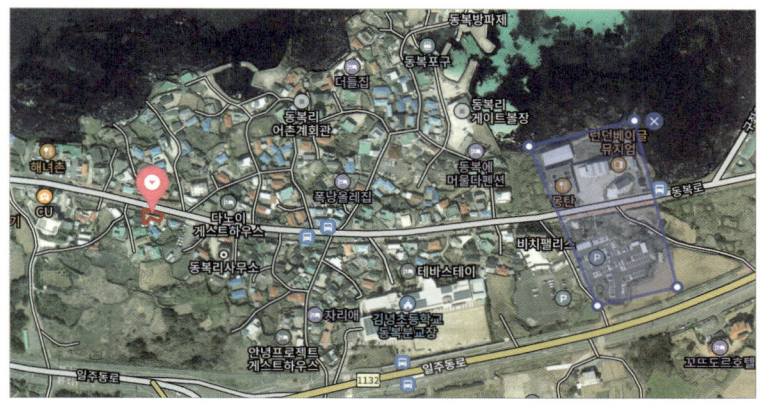

동복리 마을의 왼쪽 끝에 이상순의 카페가 있고, 오른쪽 끝에는 BTS 가족이 운영하는 카페가 있다. 이제 두 곳 모두 동복리를 대표하는 명소가 되었다.

경매 당시(2017년 5월) 낙찰가는 대지 면적당 500만 원 수준이었다. 약 6년이 지난 2023년 4월 기준, 유사 물건의 시세는 대지 면적당 최소 1,500만 원가량으로 추정된다. 게다가 매물 자체도 매우 희귀하다. 낙찰자는 낙찰 후 수년간 별다른 수익을 올리지는 못했다. 하지만 변화의 바람을 예측하고 물건의 가치를 알아본 덕에 지금은 제주에서 제일 핫한 카페의 임대인이 되었다. 시세의 상승도 맛보았다. 이 사례는 경매에서 부동산의 가치를 보는 능력이 얼마나 중요한지를 보여준다. 이 경매 건은 요즘 사람들이 원하는 게 무엇인지 파악한 투자이자, 아직 개발이 덜 된 제주 시골 마을의 미래 가치를 내다본 투자다. 시세와 미래 가치를 정확히 분석했기에, 200%가 넘는 가격에도 과감히 입찰할 수 있었고, 70명이 넘는 경쟁자를 제치고 낙찰받을 수 있었다.

◦ 이상순 카페의 Before

◦ 이상순 카페의 After

이상순 카페에 생긴 새로운 변화

글을 쓰고 시간이 흐른 뒤 새로운 소식이 들려왔다. 이상순이 운영하는 카페가 2024년 5월에 문을 닫는다는 내용이었다. 장사가 꽤 잘되었던 것 같은데 무슨 일일까 궁금했다. 얼마 뒤 이유가 밝혀졌는데 바로 임대인이 직접 사용하겠다며 임차인인 이상순을 계약 종료 시점에 내보냈다는 것이었다. 이 물건의 낙찰자는 어쩌면 내가 생각했던 것보다 더 고수인지도 모른다. 영업을 잘하고 있는 임차인을 내보내고 직접 사업을 한다니 분명 일반적인 선택은 아닐 것이다. 하지만 사업을 하는 데 있어서 이미 명성을 얻은 입지적 장점을 적극적으로 이용할 수 있을 것이다. 그리고 이상순 카페의 인테리어를 최대한 살리는 것도 가능할 것이다.

허름한 단독주택에서 연예인이 운영하는 카페로 변했던 이 물건이 앞으로 어떤 변화를 거쳐 어떤 주인을 만나게 될지 지켜보는 것도 재미있는 일이다.

6,000만 원으로 인서울 단지 내 상가 투자
- 행당동 구축 아파트 상가 -

    상가의 가격은 일반적으로 임대료와 밀접하게 연동된다. 입지가 좋고 수요가 많은 상가는 임대료가 높고, 높은 임대료는 상가의 가치 상승으로 이어진다. 그래서 '저렴하면서도 좋은 상가'를 찾는 일은 쉽지 않다. 특히 인서울, 그중에서도 아파트 단지 내 상가는 더욱 귀한 존재다. 하지만 찾기 어려운 것이지 없는 것은 아니다. 조금만 주의 깊게 보면 기회는 주변에 있다. 공매로 나왔던 아파트 상가의 사례를 보자.

○ 경매물건 조회 화면

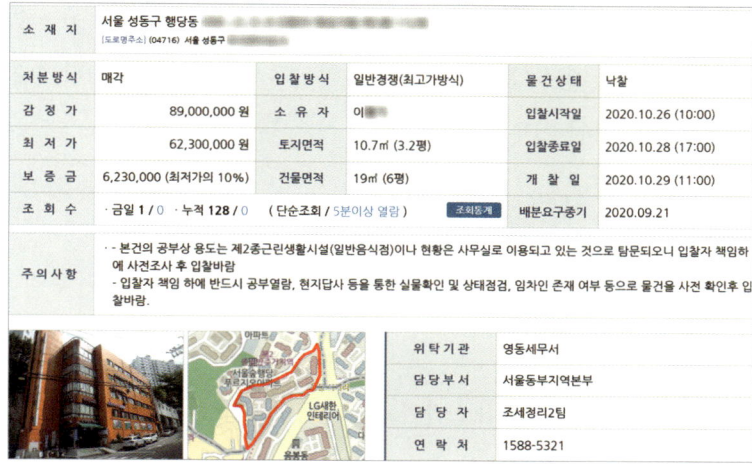

출처: 지지옥션

소재지: 서울시 성동구 행당동

면적: 6평(19m²)

용도: 아파트

감정가: 8,900만 원

낙찰가: 6,400만 원(72%)

매각 기일: 2020.10.29.

성동구 행당동의 한 아파트 상가가 공매에 나왔다. 몇 차례 유찰되어 최저가가 감정가의 70% 수준까지 내려갔다. 감정가 8,900만 원짜리 상가가 6,200만 원까지 떨어진 상황이었다. 왜 이렇게까지 가격이 낮아졌을까? 일단 크기가 작았다. 건물 면적이 6평이었다. 그리고 지어진 지 25년이 넘은 낡은 상가였다. 게다가 총 5층 규모의 상가인데도 엘리베이터가 없었다. 아파트 규모도 600세대 정도로 대단지인 것도 아니었다.

손품으로 알게 된 장점들

하지만 자세히 들여다보면 장점도 많았다. 우선 가격이 너무 저렴했다. 인서울 아파트 상가가 고작 6,000만 원대였다. 그렇다고 전체 상가가 죽어 있는 상태도 아니었다. 온라인 검색을 해보니 상가 건물에는 다수의 학원이 입점해 있었고 마트, 부동산 등이 있었다. 특히 태권도장이 입점해 있는 게 눈에 띄었다. 태권도장은 상권의 활성도를 가늠할 수 있는 하나의 척도이기 때문이다.

해당 단지의 아이들뿐만 아니라 맞은편 단지에서도 수강생이 유입된다는 점에서 긍정적인 신호였다. 또한 2014년부터 영업 중인 임차인이 있다는 것도 매력적이었다. 임차인은 보증금 500만 원에 월 30만 원을 내고 있었다. 임대료 인상 없이 그냥 재계약을 해도 최저가 기준으로 약 6.3%의 수익률이 나왔다. 마음에 들었다. 최근에 상가 건물 전체에 페인트칠을 새로 한 것도 눈에 띄었다. 건물이 잘 관리되고 있다는 신호일 수 있다. 그래서 직접 임장을 가보기로 했다.

임장으로 얻은 것들

　주말에 잠시 짬을 내 임장을 갔다. 가 보니 기대했던 것 이상으로 상가 건물 전체가 활성화되어 있었다. 각층에는 입점 상가를 안내하는 안내도가 걸려 있었는데 반짝 윤이 날 정도로 새것이었다. 공실도 많지 않았다. 2개 정도 있는 공실 중 하나는 창이 없는 먹통 상가여서 선호도가 낮은 것이었다. 전체 5층 건물(지하 1층~4층) 중 3층은 학원들이 집중적으로 입점해 있었는데 학원별로 리모델링해서인지 층 전체가 깔끔하고 현대적이기까지 했다.

　공매 물건이 있는 1층은 터줏대감으로 보이는 세탁소가 세탁물을 복도까지 내놓고 영업하고 있어 다소 어수선한 측면이 있었다. 그래서인지 학원보다는 배달 전문점, 피부관리실, 인테리어 업체 등이 입점해 있었다. 또 아파트 단지에서 상가 맨 위층(4층)으로 바로 연결되는 통로가 있다는 점도 눈에 띄는 장점이었다.

○ 리모델링 한 3층 학원들 모습(좌), 아파트 단지에서 상가로 연결되는 통로(우)

공매 상가의 임차인은 사무실 겸 창고 용도로 공매 물건을 이용하는 듯 보였다. 문이 잠겨 있어 자세히 확인은 하지 못했다. 그런데 상가를 두리번거리니 세탁소 안주인으로 보이는 사람이 내게 관심을 보였다. 공매 건 때문에 임장을 왔노라고 이야기했더니 처음에는 시큰둥한 반응을 보였다. 얻을 만한 것은 얻은 것 같아서 따로 더 물어보지는 않고 돌아서려고 했다. 그때 세탁소 안주인이 내 뒤통수에 대고 무심한 듯 말했다.

"거기 임차인이 낙찰자랑 재계약하고 싶다고 그러던데."

짧은 임장 한 번으로 얻은 정보치고는 너무나 결정적이라는 생각이 들었다. 재계약 의지가 있고 오랫동안 영업해온 임차인이라니, 더할 나위 없이 좋은 소식이었다. 입찰 쪽으로 마음이 90%쯤 기울었다.

○ 공매 상가의 당시 모습(좌), 해당 층의 전경

가격에 대한 검증

입찰을 결정하는 데 남은 10%는 이 물건이 정말로 저렴한가에 대한 검증이었다. 가격이 싼 편인 것은 맞다. 하지만 시장에서 수요가 있는지, 있다면 어느 정도에 거래되는지를 확인해야 했다. 그런데 해당 상가 건물에 최근 거래 사례가 있는 것도 아니다 보니 시세 확인이 쉽지는 않았다.

그래서 물건지로부터 거리가 멀지 않은 아파트 상가 중에서 입지와 상권, 연식, 층 등이 비슷한 물건들을 온라인으로 찾아봤다. 그리고 중개사와 통화하며 검증했다. 딱 들어맞는 비교 대상이 있는 것은 아니었지만 그래도 최대한 유사한 물건들의 매매 및 임대 시세를 비교해 봤다. 결론은 이 공매 물건은 매우 싸다는 것이었다. 최소한 매매가 1억 원에 임대료 45만 원 이상은 되어야 정상적인 가격이라는 결론이었다. 무엇보다 주택가 인근에 사무실, 창고로 이용할 수 있는 소형상가 매물 자체가 적었다. 낙찰 후 임차인과의 협상에서 월세를 현재 30만 원에서 40만 원으로 10만 원 정도는 인상할 수 있을 것으로 보였다. 입찰하지 않을 이유가 없었다.

이 물건은 최종적으로 6,400만 원(낙찰가율 72%)에 낙찰되었다. 하지만 나는 이 물건에 입찰조차 하지 못했다. 입찰 마감 당일, 갑작스럽게 잡힌 회의가 길어지면서 결국 온라인 입찰 시간을 넘기고 말았다. 아쉬움이 많이 남는 물건이었다. 그래도 인서울 소형 상가의 가치를 다시 생각해 보는 계기가 되었다. 나는 지금도 꾸준히 인서울 소형 사무실을 찾아본다. 은퇴 후 개인 사무실을 갖고 싶어서다. 계속 찾다 보면 행당동 물건처럼 임대나 실사용 모두 좋은 물건을 갖게 될 날이 올 것이다.

전문가도 예상 못한 상가 경매
- 재건축 단지 옆 1층 상가 -

상가 투자는 쉽지 않다고들 한다. 꼼꼼하게 검토하고 보수적으로 접근하지 않으면 낭패를 보는 경우가 많다. 상가도 경매로 싸게 사면 실패할 확률이 줄어드는 것은 맞다. 하지만 주거용 물건보다 상가는 장기 공실의 리스크도 크고 계획했던 수준의 월세(임대료)로 임차인을 구하지 못하면 가치가 급격히 하락한다. 적정한 월세를 받지 못하면 대출이자가 월세를 초과하는 일이 발생하기도 한다. 손해를 보고 팔아야 하거나 아예 매매가 어려울 수도 있다.

이렇듯 상가 투자는 리스크가 크지만 잘 투자하면 별다른 수고 없이도 매달 또박또박 월세가 들어오는 분야이기도 하다. 그러다 보니 상가 투자 전문가는 많고 관련 강의를 듣는 수강생 수요도 꾸준하다. 하지만 전문가의 예측도 틀리거나 빗나가기도 한다. 너무 당연한 이야기지만 그들도 사람이기 때문이다. 지금부터 상가 투자 전문가가 좋은 낙찰 사례라고 자신의 책에 쓴 경매물건을 복기하며 전문가가 놓친 부분은 무엇이었는지 찾아보고자 한다. 해당 전문가는 이 경매물건을 수강생에게 추천했고 실제로 수강생이 입찰했지만 패찰했다고 한다. 혹시나 해서 미리 말하자면 다음의 내용은 지극히 나의 주관적인 생각이며 한 건의 사례를 바탕으로 해당 전문가의 실력을 폄훼하려는 의도는 없다는 점을 분명히 하고 싶다.

○ **경매물건 조회 화면**

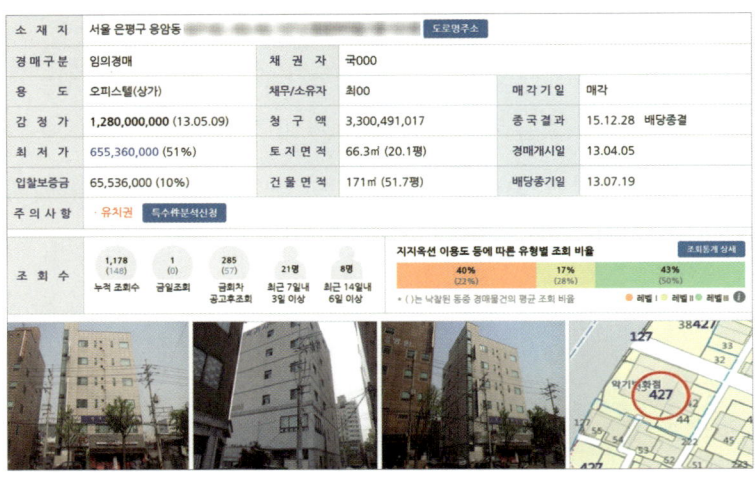

출처: 지지옥션

소재지: 서울시 은평구 응암동

면적: 51.7평(171m²)

용도: 상가

감정가: 12억 8,000만 원

낙찰가: 8억 3,199만 9,915원(65%)

매각 기일: 2015.09.01.

이 물건은 은평구 응암동의 대로변에 있는 1층 상가다. 하지만 당시 로드뷰를 보면 상권이 크게 좋아 보이지 않는다. 그래서인지 감정가 12억 8,000만 원의 이 상가는 유찰을 거듭해 6억 원대까지 떨어져 있었다. 최종적으로는 감정가의 65%인 8억 3,000만 원 정도에 낙찰이 되었다.

○ **경매 입찰 당시 로드뷰**

출처: 카카오맵

왜 전문가는 이 물건의 가치를 높게 평가하고 수강생에게 추천까지 했을까? 그 이유는 경매 상가 바로 뒤편이 응암10구역 재개발 지역이었기 때문이다. 경매 입찰 시점에는 이 응암10구역 재개발 정비사업조합의 정기총회에서 관리처분계획(안)이 가결된 상태였다. 관리처분계획인가 단계에 들어서면 공가(빈 집)가 늘어나고 인구가 감소하면서 상권이 일시적으로 위축된다. 하지만 살던 사람들이 이주하고 철거하기 시작하면 인부들이 이용하는 식당 수요가 발생하게 된다(실제로 공사가 진행될 때 이 경매 상가에는 한식뷔페(함바집)가 들어왔다). 그리고 공사가 끝난 뒤에는 대규모 아파트 단지가 입주하며 상권이 새롭게 활성화된다. 이때 경매 상가처럼 50평 정도의 1층 상가는 중급 규모의 슈퍼마켓이 입점하기에도 괜찮고, 보증금 1억 원에 월세 400만~500만 원은 거뜬히 받을 수 있다. 그렇게 되면 이 상가의 값어치는 10억 원을 넘게 되므로 8억 3,000만 원에 낙찰받은 것은 잘한 투자다.

이 내용이 전문가가 책에서 밝힌 이 경매 상가를 추천했던 대략적인 이유다. 이 전문가가 월세를 400만~500만 원 정도로 예상했던 이유는, 낙찰 시점으로부터 2년 전인 2013년에 경매 상가에 입점했던 참치전문점의 월세가 400만 원으로 신고되었기 때문이었다.

경매 낙찰 후 계획대로 재개발은 순조롭게 진행되었고 2020년에 1,305세대 규모의 아파트가 준공되었다. 그리고 경매 상가에는 조개 전골 식당이 입점했다. 얼핏 보면 전문가의 예상과 크게 다르지 않게 진행이 된 것 같지만 조금 세밀히 들여다보면 10억 원의 가치를 가진 상가로는 보이지 않는다. 오히려 본전도 못 건진 투자라고 평가할 수 있다.

○ 유동 인구의 동선(파란 화살표), 주 출입구(빨간 원), 물건 위치(노란 별표)

출처: 카카오맵

1,305세대의 신축 아파트가 경매 상가 바로 뒤편에 생겼지만, 예상과 달리 상권에는 큰 변화가 보이지 않는다. 특히 경매 상가 주변은 오히려 더 휑한 느낌마저 든다. 그 이유는 지도를 보면 알 수 있다. 경매 상가(노란 별표)는 대로변에 있었고 아파트 단지에 인접한 것은 맞지만 유동 인구 대부분이 이 상가를 지나지 않는

다. 파란색 화살표를 보면 알 수 있다시피 대중교통을 이용하는 아파트 주민이나 인근 거주민은 이 상가를 지나지 않고 이동하게 된다. 주 출입구 두 곳(빨간 원)으로 드나드는 주민들 역시 이 상가를 지나칠 일이 별로 없다. 이런 상황이다 보니 경매 상가에는 예상했던 슈퍼마켓 대신, 원래 입점해 있던 참치전문점보다 매출이 낮은 조개 전골 식당만 입점했다.

근저당 설정액을 기준으로 보면 담보대출액은 약 7억 3,000만 원이며, 대출 이율을 5.5%로 계산할 경우 월 이자는 약 335만 원이다. 따라서 재산세, 공인중개사 비용 등을 고려하면 월세가 최소한 400만 원은 넘어야 하는데 1,300세대를 바라보고 장사하는 전골 식당이 지불하기에는 쉽지 않은 수준이다. 특히 낙찰 시점인 2015년부터 수년간 역대 최고 부동산 상승기였다는 점을 고려하면 대출을 포함해 8억 3,000만 원에 낙찰을 받은 이 상가 투자는 적어도 현재를 기준으로는 실패했다고 판단하는 것이 합리적이다.

전문가는 무엇을 놓친 것일까?

첫째, 상권의 세부 흐름을 간과했다

상권을 분석하는 데 있어서 배후 세대의 숫자도 중요하지만 실제로 상가를 지나는 유동 인구가 얼마나 되는지도 중요하다. 그런데 버스정류장과 지하철을 이용하는 아파트 주민이 어떤 경로로 이동할 것인지에 대한 세밀한 검토가 부족했다. 재개발이 진행되는 과정에서 본래 계획이 수정되어 출입구의 위치가 변경된 것도 아니었다는 점을 고려하면 유동 인구의 흐름과 세부적인 상권 분석이 지나치게 안일했다는 인상을 준다.

둘째, 1,300세대는 충분한 세대수가 아닐 수도 있다

1,300세대는 충분히 대단지라고 할 만한 규모. 그러나 도심에 들어서는 아파트 단지의 경우 소규모라도 기존에 이미 영업 중인 상가를 중심으로 상권이 형성되는 경우가 많다. 따라서 신축 아파트로 인해 상권이 새로 활성화되거나 기존 상권을 대체할 만한 수준이 되려면 항아리 상권(상권이 더 이상 확장되지는 않지만 소비자들이 다른 지역으로 빠져나가지 않는 한정된 상권)이거나 유동 인구가 많은 스트리트형 상가여야 한다. 그런데 이 아파트 단지는 이미 주변에 상권이 소소하게 형성되어 있었고 소비자들이 경매 상가 쪽으로 집중되도록 출입구나 도로가 배치되어 있지 않았다. 따라서 1,300세대의 대단지라고는 하지만 실제 경매 상가를 이용하는 유효 고객의 숫자는 적을 수밖에 없다.

셋째, 기존 상가는 신축 단지 내 상가보다 입지 면에서 불리하다

신축되는 단지 내 상가보다 더 좋은 입지에 기존 상가가 배치되는 경우는 매우 드물다. 결국, 경매 상가가 재개발 단지에 붙어 있다는 이유만으로 우수한 입지가 보장되기 어렵다. 재건축 단지에 인접한 기존 상가는 적어도 아파트와 함께 신축되는 단지 내 상가보다 입지가 열등할 가능성이 매우 높다. 실제로 경매 상가 좌우로 단지 내 상가가 신축되었는데 단지 내 상가가 경매 상가보다 버스정류장이나 사거리와도 더 가깝고 유동 인구도 더 많다.

투자의 판단은 오로지 본인의 몫이다

소위 전문가라고 자처하는 사람들도 실수하고 중요한 부분을 놓치기도 한다는 것을 잊지 말자. '원숭이도 나무에서 떨어진다'라는 말처럼, 전문가의 의견이나 추천은 참고만 해야 한다. 결국, 최종적인 판단과 결정은 투자자 본인이 하는 것이다. 전문가의 추천 매물일지라도 본인이 완벽히 이해한 경우에만 투자해야 하며 투자가 실패로 끝났더라도 그것은 당신에게 물건을 추천한 전문가의 잘못이 아니라 100% 투자자의 책임임을 반드시 기억해야 한다.

인서울 소액 상가로 고수익 내기
- 동묘앞역 역세권 1층 상가 -

요즘 경기 불황을 넘어 상가 소멸의 시대라는 말까지 나오고 있다. 쿠팡으로 대표되는 온라인 상거래 업체로 인해 오프라인으로 영업하는 업종이 전반적으로 어려움을 겪고 있다. 언제나 사람들로 붐볐던 각 지역 대표 상권에도 공실의 그림자가 짙게 드리우고 있다.

자연스럽게 상가 경매 매물도 쏟아지고 있다. 유동 인구, 배후 세대, 주 동선 등 전통적인 방식을 활용한 상가 분석 방법이 더 이상 통하지 않는 시대가 되어가고 있다. 하지만 관점을 조금만 바꾸면 오히려 좋은 상가를 저렴하게 낙찰받을 기회가 있다. 동묘앞역 역세권 1층 상가 낙찰 사례를 통해 불황에 강한 투자에 관해 이야기해 보고자 한다.

o **경매물건 조회 화면**

출처: 지지옥션

소재지: 서울시 종로구 동묘앞역 인근

건물면적: 3.3평(11m²)

용도: 사무소 (경매정보사이트에는 오피스텔로 표기)

감정가: 9,300만 원

낙찰가: 6,900만 원(74.2%)

매각 기일: 2025.01.08.

이 상가는 2025년 1월 8일에 5명의 경쟁자를 제치고 감정가의 74%에 낙찰된 물건이다. 2위와의 낙찰가 차이는 20만 원에 불과한 짜릿한 낙찰이었다. 이 물건은 낙찰된 지 채 한 달도 되기 전에 임대차 계약이 체결되었다. 보증금 1,000만 원에 월세는 60만 원이다. 낙찰가가 6,900만 원이므로 보증금을 뺀 실투자금 대비 연간 수익률은 무려 12%가 넘는다. 아무리 경매라고 하더라도 인서울 사대문 안 1층 상가의 수익률치고는 놀랍도록 높다. 어떻게 이런 일이 가능했을까? 우선 이 물건의 검토 포인트를 살펴보고, 이어서 장점을 살펴보도록 하자.

주요 포인트

경매물건의 용도

본건은 경매정보지에 오피스텔로 분류되어 있었다. 하지만 정확히 말하면 오피스텔 빌딩 1층에 위치한 사무소(상가)로 분류되어야 한다. 하지만 다수의 경매정보지에 오피스텔로 분류가 된 탓에 안정적인 1층 상가를 노리는 경쟁자 다수의 눈을 피할 수 있었다.

골목 안 공실 상가

이 상가는 더블역세권인 동묘앞역에서 직선거리로 50m 정도인 초역세권에 있다. 하지만 대로변은 아니고 골목 안쪽에 있으며 공실 상태였다. 이 지역을 잘 아는 사람이 아니라면 선뜻 마음이 가지 않을 수 있는 조건이다. 대로변이라 해도, 특히 오피스텔 빌딩 1층 상가는 일반적으로 공실이 많은 편이다.

○ **경매물건의 입지**

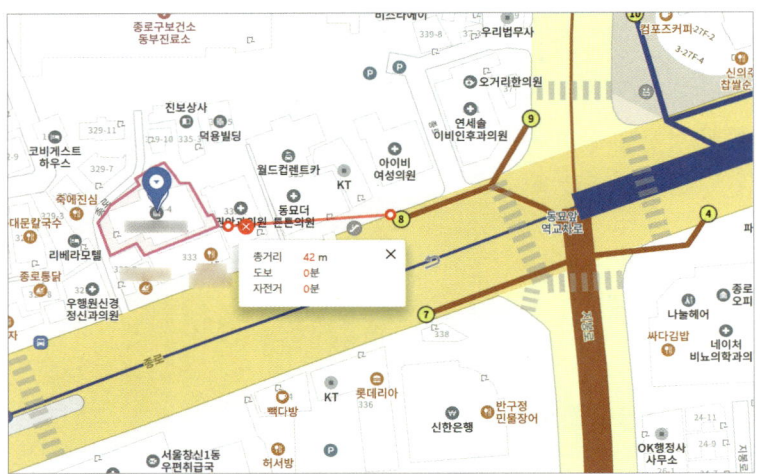

경기 불황

요즘 상가가 정말 불황이다. 오랜 기간 흥했던 전통 상권마저 무너지고 있다. 온라인 시장의 급성장으로 이제는 일상의 거의 모든 것을 스마트폰으로 주문하고 소비하는 시대가 되었다. 이런 시기일수록 옥석을 가려야 한다. 그런데 골목길 안쪽의 공실 상가라니 사람들이 기피하는 것도 이해가 된다. 특히나 경매정보지에 나오는 사진들은 을씨년스럽기까지 하다.

○ 골목에 위치한 모습(좌) / 공실 상태(우)

이 상가의 장점

사대문안＋더블＋초역세권

부동산에서 있어서 입지는 두말할 필요도 없는 최우선 요소다. 서울 사대문 안 더블역세권, 거기다 초역세권이라는 입지는 불변의 장점이다.

저렴한 가격

아무리 입지가 좋아도 공실은 있다. 유동 인구가 엄청난 강남역 초역세권 대로변 상가도 공실이 많다. 하지만 가격이 저렴하다면 이야기가 달라진다. 낮은 낙찰가는 시세보다 낮은 월세 책정을 가능하게 해주고, 이는 엄청난 무기가 된다. 비록 3평 남짓의 소형상가지만 사대문 안 초역세권 1층 상가의 월세가 60만 원이라는 건, 고물가 시대에 강력한 경쟁력이 된다.

변화를 거듭하는 활발한 상권

동묘는 특수한 소비층을 가진 상권이다. 동묘시장으로 대표되는 이곳은 중장년층과 노년층이 주요 고객층이다. 과거 예능 프로그램 〈무한도전〉에서 정형돈이 빅뱅의 지드래곤에게 촌스러운 패션을 권유하던 곳으로 유명세를 탄 적이 있다. 그리고 오랜 시

○ 낙찰 물건 맞은 편의 음식점 및 카페 거리(붉은색 원)

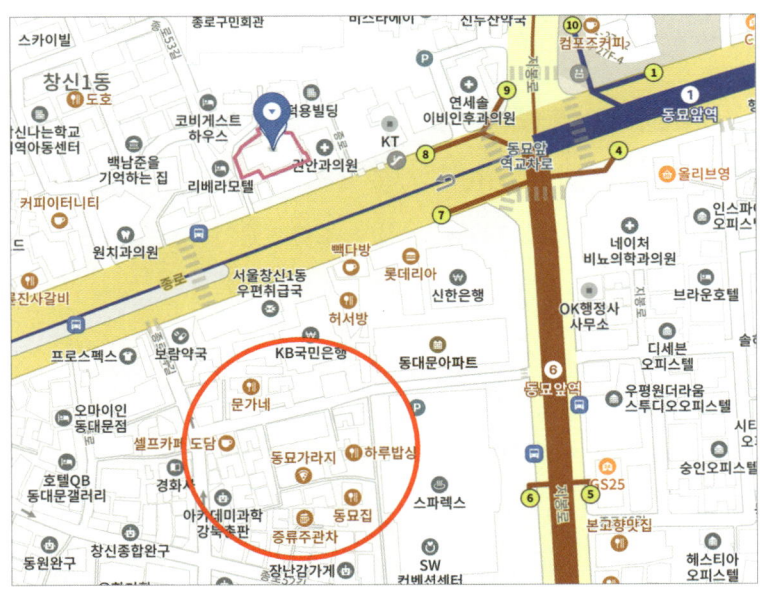

간이 지난 지금 동묘의 상권은 변화를 맞고 있다. 중장년층을 상대로 하던 상권에서 젊은이들도 찾는 상권으로 변화하고 있다. 영세한 인쇄소, 가내수공업 공장이 있던 골목에 감각적인 음식점과 카페들이 하나둘 생겨나고, 그 인기도 높다. 새로운 경험을 좋아하는 젊은 세대들이 레트로 감성의 동묘를 찾고 있다. 아직 낙찰된 상가 쪽까지 번지고 있지는 않지만 이 상권의 역동성은 살아 있다.

작은 사무실이나 창고로도 가능한 활용도

흔히 상가라고 하면 식당이나 판매점을 먼저 떠올린다. 하지만 간과하지 말아야 할 것이 사무실이나 창고를 찾는 수요 또한 꾸준하다는 점이다. 사무실이나 창고용 상가는 유동 인구가 많은 중심 도로에 있지 않고 이면도로에 자리 잡고 있어도 수요가 있다. 유동 인구보다는 지하철역이나 중심 상권과의 접근성, 저렴한 월세가 더 중요한 요소일 수 있다. 본 낙찰 사례가 바로 이런 경우였다.

뒷이야기

이 상가 낙찰 사례는 내가 운영진으로 활동 중인 경매 초보를 위한 오픈톡방에서 알게 되었다. 공인중개사 겸 경매 전문가가 어떤 분에게 추천했고 이 추천을 받은 분이 입찰 후 낙찰까지 받았다. 임장을 가 보니 생각보다 더 좋았다고 한다. 이런 알짜 물건을 알아본 추천인도 대단하지만 추천받자마자 임장 및 입찰까지 실행에 옮긴 낙찰자도 대단하다.

  돈 되는 정보는 우리 주변에 넘쳐난다. 심지어 공짜 정보도 많다. 결국 성공과 실패는 정보를 보는 눈과 그것을 실제로 행동으로 옮길 수 있는 실행력의 차이에서 갈린다. 우리는 흔히 비싸게 얻은 정보를 더 믿고, 유명한 사람이 하는 말의 가치를 더 높게 평가한다. 일례로 어느 유명 부동산 전문가가 똑같은 아파트를 여러 강의에서 추천했다고 한다. 하지만 무료 강의나 많은 청중이 있던 저렴한 강의에서는 아무도 추천 아파트를 사지 않았다. 추천 아파트를 산 몇 명은 모두 1시간에 수백만 원하는 컨설팅을 들은 사람들이었다고 한다. 결국, 중요한 건 정보의 가격이나 출처가 아니라, 그 정보의 진짜 가치를 알아보는 본인의 내공일지도 모른다.

 ## 소액으로 사무실용 소형 상가를 노리자

물건을 고르는 기준

1. 노려야 하는 가격대
- 목표 월세 기준 30만~90만 원(비수도권은 최대 70만 원)

2. 목표 수익률
- 연간 최소 8% 이상(월세 60만 원이면 목표 낙찰가 9,000만 원 이하)

3. 감정가 및 낙찰가
- 감정가 기준 최대 2억 원 이하, 낙찰가 기준 최대 1억 2,000만 원 이하

4. 목표 지역
- 지하철 역세권, 상권이 발달한 지역 인근(주요 대학, 업무용 건물, 아파트 밀집 지역, 먹자상권 등)

유의 사항

1. 현황 사진만 보고 판단하지 말자
- 경매정보지의 현황 사진은 대충 찍은 오래된 사진일 수 있다.
- 상업용 물건은 입지가 핵심이므로 반드시 직접 확인해야 한다.

2. 철저한 임장을 통해 정보를 입수하자
- 임차인이 있는 물건의 경우 실제 영업 여부와 보증금과 월세의 규모를 확인해야 한다.
- 임차인이 재계약 의사가 있다면 공인중개료와 수리비 등을 아낄 수 있어 공격적인 입찰이 가능하다.

3. 부대비용을 꼼꼼히 파악하자
- 취득세, 등록세, 수리비, 부동산 중개 비용, 공실 관리비 등 모든 비용을 계산해야 한다.
- 인테리어 비용이 많이 들면 임대료가 올라가 임차인 유치가

어려워질 수 있다.

4. 경매에 이르게 된 사정을 살펴보자
- 상가는 양호하나 임대인의 채무로 경매가 진행된 것인지, 입지는 괜찮은데 임차인의 경영 실패인지 물건이 가진 사정을 파악하는 게 중요하다.

5. 1층이 유리하지만 상층부도 가능하다
- 원칙적으로는 1층이 유리하나, 엘리베이터가 있고 가격이 저렴하다면 상층부도 고려할 만하다.

6. 상가의 활용도를 확인하자
- 음식점, 판매점, 사무실, 창고 등 어떤 용도에 적합한지 확인한다.
- 활용 범위가 넓을수록 낙찰 후 운용 전략이 다양해지고 경쟁력 있는 입찰가를 쓰는 게 가능해진다.

7. 인근의 경쟁 매물과 비교하자
- 낙찰 후 받을 수 있는 월세는 경쟁 매물의 가격이 기준점이 된다. 주변 매물의 임대료 수준과 입지 조건을 반드시 조사한다.
- 가격 경쟁력이 있는 물건만이 월세 수익을 확보할 수 있다.

8. 공매를 노려보자

- 소형 상가의 경우 경매보다 공매가 경쟁률이 낮다.
- 공매는 사진 자료나 정보가 부족해도 기회가 된다.
- 분석력이 있다면 저평가된 물건을 건질 가능성이 높다.

9. 가능하다면 플랜B도 준비하자

- 가장 확실한 공실 대책은 직접 사용하는 것이다. 가격 경쟁력이 가장 확실한 물건만 입찰하되, 공실이 길어지는 등 최악의 경우가 발생하면 낙찰자가 직접 사용할 수도 있는 물건을 입찰하는 것도 전략이 될 수 있다.
- 사무실, 회의실, 소규모 임대 공간으로 낙찰자가 활용할 수 있다면 투자 안정성이 올라간다.

10. 대출 가능 여부와 금액을 반드시 확인하자

- 상업용은 대출 규제에서 주거용에 비해 상대적으로 자유롭지만, 소형 상가의 경우 1금융권 대출이 거절되거나 금리가 높을 수 있다. 은행 입장에서는 근저당 설정 등 소요되는 각종 비용 대비 수익성이 떨어질 수 있기 때문이다.
- 대출을 활용할 계획이라면 사전 상담과 한도 확인은 필수다.

> 💡 '서촌의꿈'의 조언

끝날 때까지
끝난 게 아니다

　내 지인 중 소매점을 운영하는 분이 있다. 그런데 우연히 그 점포의 임대인이 유명한 경매 강사라는 사실을 알게 되었다. 궁금해서 찾아보니 이 강사의 책에도 해당 점포가 낙찰 사례로 소개되어 있었다. 경기도의 한 아파트 단지 입구 쪽 상가를 낙찰받아 자금을 투입해 문제점을 개선한 뒤, 편의점을 직접 운영해 큰 수익을 올렸다고 한다. 누구나 부러워할 수준의 수익이었다. 하지만 그 이후 이야기는 책에 나오지 않는다. 몇 년간은 편의점 운영을 통해 괜찮은 수익을 냈던 것 같다. 그러나 좀 더 좋은 입지에 경쟁 편의점이 들어오면서 결국 폐점했다. 이후 다른 업종이 들어왔으나 다시 폐점했고 공실을 거쳐 내 지인의 소매점이 입점해 있다.

낙찰가와 수리 비용을 고려하면 수익률은 연 5% 수준이다. 현재 지인의 매장은 장사가 잘되고 있고 과거에 직접 편의점을 운영하면서 벌어들인 수익도 있을 테니 결과가 완전히 나빠졌다고 볼 수준은 아니다. 또한 현재 상가 수익률도 크게 나쁘지 않다.

내가 이야기하고 싶은 핵심은, 경매 시장에서 '초고수'라고 불리는 사람이 골라낸 상가조차도 사업에 실패하거나 공실이 발생할 수 있다는 점이다. 계획했던 수익률보다 낮아지는 경우도 허다하다. 결국, 아무리 부동산, 경매, 사업에 대한 식견이 뛰어나더라도 완벽할 수 없으며, 끝날 때까지 끝난 게 아니다. 그러니 낙찰 후 계획과 다르게 흘러가더라도 너무 상심할 필요는 없다. 또한 초반 성과가 좋아도 방심해서는 안 된다는 점을 꼭 강조하고 싶다.

나는 2019년경에 꼬마빌딩을 하나 샀다. 자그만했지만 나름 서울의 유명 인기 상권에 있었다. 경매는 아니었고 일반매매로 매입했다. 나름대로는 내 부동산 감각과 지식에 대한 자부심이 있던 때였고 해당 물건을 중개해 준 중개사도 업계에서는 정평이 나 있던 사람이었다. 2층과 3층에는 TV에도 나온 셰프가 운영하는 프랑스 레스토랑이 있었고 1층에는 동네에 소문난 맛있는 빵집이 있었다. 나는 과감하고 빠른 판단을 통해 경쟁자들을 물리치고 해당 물건을 매입할 수 있었다. 원래 제시된 가격보다도 좀 더 싸게 샀다. 하지만 기쁨은 오래가지 않았다. 내 건물을 빛내주던, 내가 매입 결정을 하게 된 가장 결정적인 이유였던 레스토랑(파인다이

닝) 측이 임대료를 내려달라고 요구했다. 임대차 계약 만료가 얼마 남지 않았던 시기였다. 나는 완곡하게 거절했다. 임대료에 따라 건물의 가치가 정해지는데 임대료를 시작부터 낮출 수는 없었다. 그러기엔 내가 투입한 자금이 너무 컸기 때문이다. 레스토랑이 자리 잡기까지 투입된 시간과 노력 그리고 적지 않았을 인테리어 비용을 생각하면 해당 레스토랑은 결국 재계약할 것이라는 안일한 판단도 한몫했다. 그러나 임대차 계약 기간의 만기를 딱 한 달 앞둔 어느 날, 레스토랑 측은 만기 시점에 다른 곳으로 이전하겠다는 통보를 해왔다. 한 통의 문자였고 평범해 보이는 문자였지만 그 행간에는 비장함이 묻어 있었다.

결국, 건물을 구매한 뒤 3개월 정도 월세를 받아본 후 공실을 맞이했다. 회사 생활을 하던 때였고 급여랑 여유 자금이 있으니 경제적 타격은 어떻게든 견딜 만했다. 하지만 심리적인 타격은 매우 컸다. 무엇보다 이 공실이 얼마나 계속될지 모른다는 것 때문에 힘들었다. 그간 투자와 저축으로 모은 모든 것이 날아갈 수도 있다는 두려움이 날 짓눌렀다. 공실 3개월이면 새벽 3시에 깬다는 말이 있는데, 정말 절실히 느꼈다. 아직도 생생히 기억나는 일화가 있는데, 한겨울에 건물 내부가 추운 탓에 수도관이 파열되어 긴급 출동을 해야 했다. 급히 보수업체를 부르고 해당 업체가 올 때까지 물을 뒤집어써 가며 급한 대로 수습을 했다. 그런데 출동한 보수업체는 그들의 장비와 기술로는 금방 해결할 수준의 일을 일부러 질질 끌었다. 그러고는 상식 이상의 비용을 요구했다. 하지만 난 따지고 싸울 힘이 없었다. 심적·육체적으로 완전히 탈진했기 때문이었다. 달라는 대로 비용을 지급하고 밖으로 터벅터벅 나오는 길에 작은 새 한 마리를 만났다. 그 새는 날 보고 피하지 않았다. 평소 같았으면 아무것도 아닌 새 한 마리였지만 그 순간 왠지 모르게 희망의 파랑새처럼 느껴졌다. 아마도 내가 너무 궁지에 몰려서, 이상한 희망이라도 잡고 고통을 잠시 잊고 싶었던 것인지도 모르겠다.

이렇게 무너질 수는 없었다. 힘들게 일군 것들을 허무하게 날려버릴 순 없다고 마음을 다잡았다. 그날 이후 건물의 장점을 홍보하는 자료를 만들어서 빌딩을 거래하는 유명 법인, 기업형 부동산에 널리 배포했다. 그리고 공실이 길어지는 이유를 파악하기 위해 주변 공인중개사들을 만나 유심히 듣고 개선점을 찾고자 노력했다. 결국, 1년 가까이 이어지던 공실의 끝에 도자기 공방 겸 주택으로 이용하려는 부부에게 임차가 되었다. 이후 임차인은 예술적인 감각이 묻어나는 멋진 인테리어를 했고 그 인테리어에 반한 매수인이 나타나 곧 매매가 이루어졌다. 그동안 지출했던 각종 비용과 은행이자 등을 고려하면 본전 수준이었다. 큰 자금이 들어간 투자였고 해당 시기가 부동산 상승기였던걸 생각하면 실패한 투자라고 볼 수 있었다. 그러나 투자에서 꺾이지 않는 마음의 중요성, 그리고 항상 최악을 대비하는 보수적인 접근이 얼마나 중요한지 체득했다. 또 다른 분야에 기웃거리지 말고 내가 잘하는 경매에 매진해야겠다고도 다짐했다. 특히 부동산 투자는 잘 사는 것도 중요하지만 임차인을 대하는 법 등 경험과 지혜가 필요한 영역이라는 것을 깨달았다. 무엇보다 끝날 때까지 끝난 것이 아니라는 사실을 뼛속 깊이 새기게 되었다.

지나친 비관도 자만도 하지 말자. 항상 긴장을 늦추지 말고 물건이 좋아 보인다고 사랑에 빠지지도 말고 냉정하고 차분하게 9회 말 3아웃까지 최선을 다하자.

6장

경매의 꽃
농지연금

농지연금은 내 전문 분야다. 자타가 모두 인정하는 국내 최고 전문가다. 수년간 수천 건의 농지연금용 매물을 모니터링하고, 농어촌공사와 행정심판을 하고, 부모님과 지인의 농지연금 최적 세팅을 돕고, 농업 경력을 효율적으로 쌓는 방식을 연구했다. 일반매매로 농지연금용 농지를 구매해 농지연금을 받다가 국가에 수용되어 구매가의 몇 배나 되는 수익을 올리기도 했다. 우리나라에 그 누구도 농지연금으로 이런 이력을 가진 사람은 없다.

내가 이토록 농지연금을 파고든 이유 중 가장 큰 부분은 엄청난 안정성에 있다. 처음에는 압도적인 수익률에 매료되었다. 하지만 연구해 볼수록, 부모님이 농지연금을 받는 모습을 보면 볼수록 아무런 스트레스 없이 사망할 때까지 매월 꼬박꼬박 나라에서 연금을 받는다는 게 얼마나 심리적·경제적 안정감을 주는지 알게 되었다. 연체도 없고 전화받을 일도 없고, 수익에 대한 세금도 없이 죽을 때까지 매월 연금을 받는 투자의 가치를 결코 가볍게 봐서는 안 된다. 특히 직장인, 주부, 자영업자 등이 바쁜 일상 속에서도 꼭 해야 하는 투자라고 생각한다. 그래서 난 농지연금 전도사이자 전문가가 되었다. 내 말에 공감한다면 지금부터 농지연금에 대해 제대로 알아보자.

부모님 노후 대비, 이걸로 끝냈다
- 농지연금 낙찰기 -

처음 농지연금을 알게 된 후, 부모님이 받으실 수 있는 월 지급금 및 수익률을 계산해 보고 깜짝 놀랐다. 도무지 일반투자에서는 상상하기 힘든 수준의 고수익률이 가능했기 때문이었다. 이 제도를 이제서야 안 것이 화가 날 지경이었다. 난 바로 경매물건을 검색하기 시작했다.

○ 경매물건 조회 화면

출처: 지지옥션

소재지: 경북

면적: 399평(1,319m²)

용도: 답

감정가: 2억 6,511만 9,000원

낙찰가: 1억 200만 원(38.5%)

매각 기일: 2019.03.

2019년 3월 어느 날, 24%까지 유찰된 경북의 농지가 눈에 띄었다. 비록 좀 외진 곳에 있지만, 시멘트로 된 농로를 끼고 있는 답(논)이었다. 땅의 모양 등 몇 가지 단점이 있었지만, 농지연금에 문제될 건 없었고 무엇보다 너무 싼 게 마음에 들었다. 부모님께는 별말씀 드리지 않았다. '좋은 땅이니 날 믿으시라'라는 정도만 전했다.

입찰 당일 연차를 내고 기차를 탔다. 물건지 근처의 역에 내린 다음 다시 렌터카를 몰고 경매 법정으로 향했다. 기차역에서 경매 법정까지 아주 먼 거리는 아니기에 그냥 택시를 타는 게 경제적이었다. 하지만 나는 낙찰 후 현장 임장까지 염두에 두고 렌터카를 빌렸다. 입찰 전 임장은 직접 하지 않고 현지에 사는 친구에게 특별히 문제는 없는지 한 번만 가 봐 달라는 정도로 마무리했다. 수십 년간 논으로 쓰인 농지이고 몇 달 전 사진과 현황조사서까지 경매에 다 공지된 마당에 그 이상의 임장은 불필요하다고 판단했다.

결국, 전회차 최저가(34%)를 훌쩍 넘긴 38.5%, 1억 200만 원에 입찰해 8명의 경쟁자를 제치고 낙찰받았다. 2등은 33% 정도를 썼고 금액으로는 2등과 1,500만 원 정도 차이가 났다. 큰 격차에 속이 잠시 쓰렸지만, 예상 수익률을 기준으로 충분히 고수익이 난다고 판단한 입찰가였기에 크게 개의치 않았다.

잔금 납부 후, 얼마 지나지 않아 부모님이 거주하시는 지역의 농어촌공사에 이 농지로 농지연금을 신청했다.* 농지연금을 위한

---

* 현재는 '2020년 이후 취득 농지는 2년의 보유 후 농지연금 신청이 가능'하도록 개정되었다.

감정평가 결과 감정가는 2억 7,300만 원이 나왔다. 경매 감정가보다 800만 원 정도 높은 가격이었다. 이렇게 신청을 하니 당시 70세 중반이던 어머니를 기준으로 수시인출금으로 7,300만 원이 지급되었다. 월 지급금은 93만 원(연간 1,116만 원)이었다. 실투자금은 2,900만 원(낙찰가-수시인출금)으로, 이를 기준으로 산출한 연간 수익률은 38.4%에 달했다. 결국 농지연금을 받기 시작한 지 채 3년이 되기 전인 2022년경에는 투자 원금을 모두 회수했다. 물론 돌아가실 때까지 부모님은 매달 월 지급금을 받게 된다. 이후 추가로 농지를 낙찰받으면서 현재 농지연금 수령액은 훨씬 늘어난 상태다.

달콤한 결실

나의 부모님은 자식들을 돌보느라 정작 노후 대비는 잘하지 못하셨다. 두 분 노후는 장남인 나의 몫이었다. 하지만 사실 매달 약간의 용돈을 드리는 것 외에는 별다른 도움을 드리지 못했다. 낡은 시골집을 대신할 새집도 지어드리고 싶고 여행도 자주 보내드리고 싶은 마음이 컸지만 쉽지 않았다. 집안의 한정된 자금으로는 한계가 있었다. 하지만 농지연금을 세팅해 드리게 되면서 이것이 가능하게 되었다. 농지를 낙찰받을 때는 목돈이 들어가지만, 인출금으로 상당 부분을 회수할 수 있었고, 이를 통해 시골에 새집을 짓는 것이 가능했다. 게다가 매월 농지연금을 받으니 생활하는 데 아무런 문제가 없었다. 아니 오히려 전에 비해 훨씬 풍족했다.

나는 고향에 가면 부모님께 이렇게 말씀드린다. 나라에서 나오는 용돈을 본전 뽑을 때까지 받으려면 더욱 건강히 오래 사셔야 한다고 말이다. 그리고 나는 농지연금 전도사가 되었다. 경매로 농지연금을 활용하는 것보다 더 확실한 노후 대비와 재테크는 없다고 생각하기 때문이다. 나는 농지연금을 몰라서 못 할 수는 있어도 알고 나서는 하지 않을 수 없는 상품이라고 생각한다. 농업 경력이 없으면 농업 경력을 만들면 된다. 평생 도시에 살던 도시인도 할 수 있다. 비록 시간은 걸리겠지만 생각보다 어렵지 않고 그 열매는 달다.

○ 농지연금 덕에 가능했던 시골집 전경

농지연금 기초 이해하기
- 투자 수익 -

나는 친구에게 농지연금을 목적으로 농지 구입을 추천했다. 친구의 부모님이 거주하시는 지역에 일반매매로 나와 있는 농지였다. 나는 이 농지가 역대급 수익률을 안겨줄 S급 매물임을 확신했다. 친구의 부모님은 농업 경력이 충분하신 상황이었기에 매입 후 2년이 지난 뒤 얻을 이익에 대해 하나부터 열까지 설명해 주었다. 친구는 정말 고맙다며 부모님과 상의 후 연락해 주겠다고 했다. 며칠 뒤 친구로부터 연락이 왔다. 할 수 없게 되었다는 내용이었다. 부모님을 설득하는 데 실패한 것이다. 이런 일은 사실 비일비재하다. 농지연금에 관해 깊이 공부한 사람들조차 정작 부모님을 설득하는 데 실패하는 것을 자주 봤다. 그렇다면 왜 부모님은 수익률이 좋다는 농지연금을 마다하는 걸까?

아이러니하게도 그 이유는 바로 수익률이 너무 비현실적이기 때문이다. 다시 친구 이야기로 돌아가 보자. 친구는 부모님께 이렇게 설명했을 것이다. '내 친구가 추천한 농지인데 이걸 사서 2년 뒤에 농지연금을 신청하면 신청 즉시 매입 금액 대부분을 일시로 돌려받고, 그 이후로는 월급처럼 매달 수십만 원에서 수백만 원 단위의 돈이 부모님 두 분 돌아가실 때까지 나온다'라고 말이다. 그런데 부모님이 보기에 해당 토지는 농사짓기에 그렇게 좋아 보이지도 않고 대로변에 있는 것도 아니다. 이런 토지로 나라에서 그 큰돈을 갑자기 준다고? 당연히 의심부터 하게 된다. 우리 아들이 친구의 꾐에 빠져 사기나 당하는 게 아닌가 하는 생각이 들기 마련이다.

농지연금으로 벌 수 있는 돈은 얼마일까?

한 건이든 여러 건이든 경매를 통해 감정가의 합계가 10억 원인 농지를 32%인 3억 2,000만 원에 낙찰받았다고 가정해 보자. 그리고 만 60세에 농지연금을 신청하면 어떻게 될까? 농지은행 사이트에서 예상 연금 조회를 해보면 다음과 같은 결과가 나온다.

◦ **예상 농지연금 조회 결과**

구분	종신형 ⓘ		
	종신정액형	전후후박형 (70%)	수시인출형 (30%)
월지급금	2,822,200 (저소득층:3,000,000) (장기영농인:2,963,310)	3,000,000(전) 2,685,900(후)	1,995,560 (수시인출금:204,000,000)

만약 수시인출형으로 신청하면 2억 400만 원을 일시에 받게 된다. 그리고 매달 약 200만 원을 부부가 사망할 때까지 받는다. 낙찰가율 32% 기준으로 3억 2,000만 원이 투입되었으니 수시인출금 2억 400만 원을 빼면 투자 원금은 1억 1,600만 원이 된다. 매달 약 200만 원을 월 지급금으로 받으니, 연간 2,400만 원이 되고 투자 원금을 기준으로 연간 수익률은 약 20%(2,400만 원÷1억 1,600만 원×100)가 된다.

구체적인 수치를 보고도 농지연금의 비현실적 상품성에 대한 감이 안 오는가? 아직도 당장 농지연금을 준비해야겠다는 생각이 들지 않는가? 그렇다면 다시 한번 설명해 보겠다. 연간 수익률이 20%라는 의미는 투자 원금이 5년 만에 회수된다는 뜻이다. 연간

구분	60세	65세	70세	75세	80세	85세	90세	95세	100세
수익률	0	100%	200%	300%	400%	500%	600%	700%	800%
지급금 합계 (원)	0	1억 2,000만	2억 4,000만	3억 6,000만	4억 8,000만	6억	7억 2,000만	8억 4,000만	9억 6,000만
실제 수익금 (원)		원금 회수	1억 2,000만	2억 4,000만	3억 6,000만	4억 8,000만	6억	7억 2,000만	8억 4,000만

지급액(2,400만 원)을 기준으로 5년 단위 표를 보면 다음과 같다.

60세부터 농지연금을 받는 경우 65세에 투자 원금이 전액 회수된다. 이후 평균 수명인 약 85세까지 산다고 가정하면 1인이 받을 수 있는 실제 수익금의 합계는 4억 8,000만 원이다. 부부가 함께 농지연금을 준비한다면 이 수익은 2배인 약 9억 6,000만 원이 된다. 부부 외에 부모님도 함께 준비한다면 약 9억 6,000만 원이 추가된다. 만약 배우자의 부모님까지 세팅해 드린다면 다시 9억 6,000만 원이 추가된다. 이는 평균 수명을 기준으로 한 계산이며, 더 오래 살면 수익은 더 극대화된다. 참고로 혹시라도 일찍 사망하더라도 손해 볼 일은 없다. 농어촌공사에서 농지를 경매로 처분하고 남은 금액은 돌려주기 때문이다.

낙찰가율 32%는 너무 극적인 사례 아니냐고 하는 사람도 있을 것이다. 주택을 위주로 경매를 보던 사람들이 흔히 하는 말이다. 하지만 농지에서 낙찰가율 30%대는 흔하다. 하자가 거의 없는 평범한 농지가 20%대에 낙찰되는 경우도 종종 있다. 농지는 기본적으로 거래가 활발하지 않은 경우가 많아서 애초에 적정 시세를 측정하는 게 어려운 경우가 많다. 특히 공장이나 주택 등으로 농지가 많이 개발된 지역의 경우 구조적으로 감정가격과 실제 거래 가능한 가격과의 격차가 많이 벌어지기도 한다. 이러한 이유가 종합적으로 작용해 저가 낙찰이 가능해지는 것이다.

나는 주변 사람들에게 농지연금의 가치를 20억 원 이상이라고 말한다. 결코 과장이 아니다. 괜히 농지연금을 '경매 투자의 꽃'이라 부르는 것이 아니다.

농지연금 기초 이해하기
- 자격 -

　농지연금은 만 60세부터 신청할 수 있다. 생일이 꼭 지나야 하는 것은 아니며, 해당 연도에 만 60세(2025년의 경우 1965.12.31. 이전 출생자)가 되면 언제든 신청 자격이 생긴다. 배우자 승계형일 경우에는 배우자의 연령은 만 55세 이상(배우자가 만 55세 미만이라면 비승계형으로만 가입 가능)이어야 한다. 또 영농경력 요건도 충족해야 한다. 농지연금은 농업인만 신청할 수 있기 때문이다. 영농경력은 5년 이상이어야 하며 반드시 연속적일 필요 없이 합산해 5년을 넘기면 된다.

농지연금의 대상 농지는 다음과 같다.

대상 농지(담보 농지)

(1) 「농지법」상의 농지 중 공부상 **지목이 전·답·과수원**으로서 사업 대상자가 소유하고 있고 **실제 영농에 이용**되고 있는 농지
(2) 사업 대상자가 공부상 지목 **전·답·과수원으로 2년 이상 보유한 농지**
  (상속받은 농지는 피상속인의 보유기간 포함, 배우자나 직계존속으로부터 증여받은 농지는 증여자의 보유기간과 피증여자의 보유기간 합산)
(3) 사업 대상자의 주소지(주민등록상 주소지 기준)를 **담보 농지가 소재하는 시·군·구 및 그와 연접한 시·군·구 내**에 두거나, 주소지와 담보 **농지까지의 직선거리가 30km 이내**의 지역에 위치하고 있는 농지
* (2)와 (3)의 요건은 2020년 1월 1일 이후 신규 취득한 농지부터 적용

공부상 지목이 전·답·과수원이어야 하고 동시에 실제 영농에 이용되는 농지만 가능하다. 아무리 농사를 오래 지은 땅이라도 지목이 전·답·과수원이 아니면 대상이 될 수 없다. 또한 잡풀이 자란 방치된 농지는 이를 제거하고 작물을 심어 영농에 이용하는 상태로 바꿔놓고 연금신청을 해야 한다. 또한 2년 이상 농지를 보유해야 한다. 매입 후 2년이 지난 뒤에 신청할 수 있기 때문이다. 2019년까지만 해도 경매로 낙찰받아 잔금을 치르자마자 신청할 수 있었지만 이제는 2년의 숙성 기간이 필요하다. 또한 과거에는 거리 제한이 없었으나 이제는 농지 소재 시·군·구 또는 인접 지

역에 거주해야 하거나, 혹은 주소지와 농지 간 직선거리가 30km 이내여야 한다.

농지연금의 가입 대상이 될 수 없는 농지는 다음과 같다.

제외 농지

- 가압류, 제한 물권 등이 설정된 농지
  - 해당 농지에 압류, 가압류, 가처분, 가등기 등 소유권 이외의 권리가 설정된 경우
  - 해당 농지에 저당권, 지상권 등 제한 물권이 설정된 경우, 다만 다음의 경우는 담보 가능
    i) 해당 농지에 제한 물권(선순위 채권)이 이미 설정되어 있는 경우 그 채권액*이 담보 농지 가격**의 15/100 미만인 경우
    ii) 채권액이 수시 인출 한도*** 이하로서 수시인출금으로 선순위 채권을 모두 상환해 말소하고자 하는 경우나 영농에 별다른 지장이 없는 경우
    iii) 국가 기반 시설로 인한 지상권·지역권 또는 임차권이 설정되어 있으나 영농에 별다른 지장이 없는 경우
- 위법 건축물 및 농업용 목적이 아닌 시설이 설치되어 있는 농지
  분묘, 농가 주택 등 부지, 휴·폐경지 등 농업 경영에 이용하지 않는 농지는 해당 면적을 제외하고 농지 면적 산정

- • 채권액: 해당 담보 농지에 설정된 채권최고액을 기준으로 함
- •• 담보 농지 가격: 가입(약정 체결) 당시 농지 가격으로 공시지가, 감정평가 방식 모두 평가율 100%를 적용하여 필지별로 산정
- ••• 수시 인출 한도: 대출한도액의 30%

- 2인 이상이 공동으로 소유하고 있는 농지
  다만, 부부가 공동으로 소유하고 있는 농지는 부부 중 1인이 전체 면적으로만 신청 가능(각자 지분 신청 불가)
- 농지연금 신청 당시 각종 개발 지역(구역)으로 지정 및 시행(인가) 고시되어 개발 계획이 확정된 지역(구역)의 농지
- **농작업을 위한 농기계 진·출입이 어려운 농지**
  단, 농업진흥구역의 논·밭·과수원 또는 농업진흥구역 밖의 경지 정리된 논·밭·과수원은 제외

기본적으로 등기부상 깨끗한 물건이어야 한다. 가압류, 가처분 등 소유권 이외의 권리도 없어야 하고 저당권도 없어야 한다. 하지만 선순위 채권이 농지 가격의 15% 미만이면 가능하다. 또 수시인출금으로 선순위 채권을 모두 말소할 수 있는 경우는 예외적으로 가능하다. 그리고 국가 기반 시설로 인한 지상권 등도 가능한데, 대표적인 것이 한국전력공사가 농지 위로 송전선을 설치하면서 지상권을 설정한 경우다.

위반 건축물 및 농업용 목적이 아닌 시설이 설치되어 있어도 연금 대상이 되지 않는다. 분묘, 농가 주택, 휴·폐경지 등은 해당 면적을 제외하고 연금액을 산정한다. 공동소유 농지도 제외되는데, 다만 부부가 공동으로 소유하고 있는 농지는 부부 중 1인이 전체 면적으로 신청할 수 있다. 또한 농지연금 신청 시를 기준으로 개발 계획이 확정된 지역의 농지는 제외된다. '개발 계획 확정'

이라는 기준은 관점에 따라 개발 계획의 종류에 따라 차이가 있을 수 있다. 그러므로 개발 계획이 상당 부분 진행되고 있는 농지는 사전에 농어촌공사에 농지연금 가입 대상이 되는지 확인할 필요가 있다.

담보 농지(연금 대상 농지)의 가격을 평가하는 기준은 개별공시지가와 감정평가 2가지다. 이 중 개별공시지가는 그 가격을 100% 인정해 주고, 감정평가의 경우에는 90%를 인정해 준다. 얼핏 보면 개별공시지가로 하는 게 좋아 보일 수 있으나 통상은 개별공시지가보다는 감정가가 훨씬 높으므로 감정평가로 많이 진행한다.

또한 과수목과 농업용시설은 평가금액에서 제외한다. 간혹 경매물건 감정평가 금액에 과수목과 시설이 포함되는 경우가 있는데 정작 농지연금을 신청할 때는 농지만 대상이라는 것에 주의할 필요가 있다. 끝으로 농작업을 위한 농기계 진·출입이 어려운 농지는 제외된다. 2024년 3월에 개정된 내용이다. 그 전에는 맹지나 산속 농지 등을 아주 저렴하게 낙찰받는 전략이 가능했지만, 이제는 신중할 필요가 있다. 맹지라고 해서 무조건 안 되는 것은 아니고 도로로 가는 길을 막고 있는 인접 농지 소유자에게 동의서를 받으면 가능(2024년 12월 기준)하다. 다만 이 부분은 언제든지 변경될 여지가 있는 만큼 가급적 맹지를 피하고 혹여 맹지를 농지연금용으로 구매할 때는 지역의 농어촌공사에 문의해 가능 여부를 사전에 확인하는 것이 좋다. 농지연금의 대상인 농업인의 범위는 농지법을 따르는 데 다음과 같다.

> ### 농업인의 범위(「농지법」제3조)
>
> 「농지법」제3조제1항제1호에 따른 "대통령령으로 정하는 자"는 「농지법 시행령」제3조에서 다음 각 호와 같이 구체적으로 규정하고 있다.
> 1. **1,000m² 이상의 농지**에서 농작물 또는 다년생 식물을 경작 또는 재배하거나 1년 중 90일 이상 농업에 종사하는 자
> 2. 농지에 330m² 이상의 고정식 온실, 버섯 재배사, 비닐하우스, 그 밖의 농림축산식품부령으로 정하는 농업 생산에 필요한 시설을 설치해 농작물 또는 다년생 식물을 경작 또는 재배하는 자
> 3. 대가축 2두, 중가축 10두, 소가축 100두, 가금(집에서 기르는 날짐승) 1,000수 또는 꿀벌 10군 이상을 사육하거나 1년 중 120일 이상 축산업에 종사하는 자
> 4. 농업 경영을 통한 농산물의 연간 판매액이 120만 원 이상인 자

농지에 다년생 식물을 경작하거나, 온실이나 비닐하우스에 다년생 식물을 재배하거나 가축을 사육하는 사람을 농업인으로 보는데, 면적 등이 일정 기준 이상이어야 한다. 보통 농지연금을 위해 농업인이 되고자 하는 사람은 1,000m² 이상의 농지에 농작물 또는 다년생 식물을 경작하는 방식을 택한다. 가장 보편적이고 쉽기 때문이다.

농업인이고 영농경력이 5년이 넘는다는 것은 농업경영체등록확인서로 확인한다. 다만, 농업경영체등록확인서로 영농경력 확인이 곤란한 경우는 농지대장(구 농지원부 포함), 농협조합원가입증

명서(준조합원 제외), 국민연금보험료경감대상 농업인 확인 서류, 직불금 지급 자료 등을 종합적으로 검토해 확인한다.

   농업경영체 등록확인 업무는 국립농수산물 품질관리원에서 주관하는데, 앞서 살펴본 농업인의 요건을 갖춘 다음 주소지 관할 농수산물 품질관리원 지사에 신청하면 된다. 현장 실사 후에 문제가 없으면 농업경영체로 등록되고 이후 5년이 지나면 농지연금을 위한 농업 경력이 완성되는 것이다. 농업경영체등록확인서는 농업 경력을 채우는 가장 보편적인 서류다.

농지연금 기초 이해하기
- 기본 전략 -

  농지연금 투자에도 전략이 필요하다. 전략적으로 준비해서 최대한 높은 수익을 올리는 게 중요하다. 농지연금은 단계별로 접근해야 하며, 각 단계마다 다른 전략이 요구된다.

  1단계는 자격 요건을 갖추는 것이고, 2단계는 적정 가격에 농지를 매입하는 것이며, 3단계는 연금 신청이다. 지금부터 단계별 전략을 자세히 살펴보자.

  1단계는 자격을 갖추는 단계다. 농업 경력 5년을 채우는 것이다. 신규로 채우려고 준비할 때는 농업경영체를 등록해야 하고 기존에 경력이 있는 경우에는 농지대장(구 농지원부) 등 공적 서류와 각종 증빙을 통해 확인한다. 그런데 신규로 경력을 만들고자

○ 농지연금의 3단계 개념

자격을 갖춘다	농지를 싸게 산다	연금을 신청한다
• 농업 경력 5년 이상 – 농업경영체등록확인서 • 경력 만들기 – 1,000m² 저가 농지 – 임대(온비드, 농지은행) 제도 활용	• 경매, 공매 – 34%의 법칙 – 필요시 대출 활용 • 농지의 선택 – 수익률 vs. 미래 가치 • 연접지 혹은 30km 이내 • 2년 보유(레버리지 활용)	• 주소지 이전

하는 경우, 경·공매로 낙찰을 받아 진행해도 되지만 경력을 쌓는 데 5년이 필요하니까 돈이 오래 묶이는 단점이 있다. 물론 대출을 이용할 수 있다. 하지만 대출이자도 생각해야 한다. 그래서 가장 효율적인 방법은 농업 경력용으로 농지를 임대하는 것이다. 즉 1,000m²가 넘는 저렴한 농지를 임대해서 농사를 짓고 농업경영체 등록을 하면 된다. 이때 임대를 하기 위해 온비드(onbid.co.kr) 임대(대부)나 농지은행(fbo.or.kr)의 농지 구하기(임차 신청)를 이용하면 저렴하게 영농경력을 채울 수 있다. 다만 일부 임대 농지의 경우 다년생 유실수를 심지 못하게 하는 등 작물의 제한이 있을 수도 있으므로 관련 공고를 꼼꼼히 보고 입찰 및 지원을 해야 한다.

2단계는 농지를 싸게 사는 단계다. 기존에 농지를 가지고 있던 사람이라도 해당 농지로 농지연금에 가입하는 것을 추천하지 않는다. 농지연금 효율이 그리 높지 못하기 때문이다. 감정가가 기대에 못 미치는 경우도 많고 상황에 따라 매도나 상속하는 게 나은 경우도 있다. 농지연금 투자는 경·공매로 감정가보다 많이 싸게 농지를 구매하는 게 핵심이다. 그래야 높은 연금 효율이 나온다. 감정가 대비 40% 이하도 좋고 35% 정도면 A급, 그 이하면 S급이라고 봐도 무방하다. 이런 물건이 얼마나 많냐고 묻는다면, 대답은 '매우 많다'이다.

2024년 11월부터 2025년 5월 말까지 6개월간(지지옥션 종합 검색 기준, 지분 농지 제외) 감정가 대비 40% 이하까지 유찰된 후 낙찰된 농지(전·답·과수원)는 806건이었고 이 중 30% 이하까지 유찰되었다가 낙찰된 건은 425건이었다. 내가 부모님께 세팅해 드린 농지연금용 농지의 평균 낙찰가율 역시 30% 초반이다. 물론 이런 농지들은 일반적인 기준으로 보면 좋은 농지로 평가되기 어려울 수 있다. 모양이 울퉁불퉁하거나 접근성이 떨어지는 등의 이유로 말이다. 그러나 농지연금의 수익 효율과 낙찰 확률 면에서는 오히려 최적의 조건일 수 있다는 점을 기억하자.

만약 주소지 근처에 도로를 깔끔하게 접한 미래 가치까지 있는 농지가 경매에 나왔다면 앞서 말한 기준보다 높은 가격으로 낙찰받는 것도 나쁘지 않다. 연금 효율(투자금 대비 수익금 비율)은 상대적으로 나쁘지만 대신 미래 가치가 있어서 시세 차익을 얻을 가능성이 있기 때문이다. 특히 농지연금은 수십 년간 받는 상품임을 생각하면 장기 토지 투자로 보고 접근할 수도 있다. 거리상으로는 주소지가 소재하는 지역의 농지거나 연접지 혹은 주소지로부터 농지까지 거리가 30km 이내인 농지를 구하는 게 당연히 좋다. 농지연금 대상 농지의 기준이기 때문이다. 하지만 이 범위 안에 연금 효율이 좋은 농지가 경매에 나오지 않는다면, 멀리 있는 농지를 낙찰받고 연금 신청 전에 농지 소재지 근처로 주소를 옮기는 방법도 있다.

농지를 싸게 샀다면 2년간 보유해야 한다. 농지연금을 신청하는 데 필요한 보유 기간을 채우기 위해서다. 이때 투자금이 묶이는 게 부담스럽다면 대출을 고려해 볼 만하다. 그리고 나서 농지연금 신청 시점에 수시인출금으로 대출금을 상환하는 것도 방법이다.

통상 대출은 경매 낙찰 금액을 기준으로 산정된다. 하지만 일정 기간이 지나고 나서 재감정을 진행하면 대출 한도가 크게 늘어나는 경우도 있다. 대출을 활용할 계획이라면 일반 대형 은행보다는 해당 농지 소재지의 지역농협이나 신협, 새마을금고를 이용하는 게 좋다. 대형 은행들은 담보 가치를 엄격하게 봐서 대출이 나오지 않거나 대출 금액이 낮은 경우가 많기 때문이다. 대출이 많이 나올 농지는 어느 정도 사전에 파악할 수 있다. 경매물건에 지역 금융기관 근저당 설정액이 높게 잡혀 있다면 대출이 많이 나올 가능성이 높다고 봐도 된다.

3단계는 연금을 신청하는 단계이다. 주소 소재지에 있는 농어촌공사의 지사를 통해 신청한다. 감정평가로 진행할지 공시지가로 진행할지 결정하게 되는데, 통상은 공시지가보다 감정가가 유리하다. 농어촌공사에서 현지 실사(주소지와 농지의 거리가 먼 경우에는 해당 농지 소재지의 농어촌공사 지사에서 실사 진행)를 거쳐서 농업에 이용 중인지 등을 확인한다. 만약 주소지에서 먼 농지를 낙찰받았다면 연금 신청 시에 주소지를 농지 인근으로 옮기고 신청해야 한다. 참고로 주소지를 연금 신청 시점 전후로 얼마 동안 유지해야 하는 조항은 없다. 신청 시점에만 주소지가 농지 인근이면 된다. 다만 서로 다른 여러 지역의 농지로 농지연금을 신청하면서 신청할 때마다 주소지를 옮기면 부정 수급으로 의심받을 수 있으니 주의해야 한다. 또 신청 직전에 주소를 옮겼다가 연금을 수령하자마자 다시 주소를 옮기는 것 역시 부정 수급으로 비칠 수 있으므로 주의할 필요가 있다.

농지연금에는 여러 가지 형태가 있지만, 효율 면에서는 수시인출형으로 신청하는 게 압도적으로 유리하다. 농지 평가 금액의 약 30%를 인출금으로 받고 시작하기 때문에 투자 원금을 빠르게 회수할 수 있고 이에 따라 연금 효율이 엄청나게 높아진다. 다만 수시인출형의 경우 받을 수 있는 월 지급금이 30% 정도(월 최대 210만 원) 줄어든다고 보면 된다. 만약 연금 효율보다는 월 지급금을 조금이라도 더 받길 원한다면 종신형(월 최대 300만 원)을 신청하면 된다. 또한 수시인출형의 경우 농어촌공사 지사의 예산이 조기에 소진되면 지급이 늦춰지거나 중단될 수 있고, 제도 변경이 있을 것이라고 농어촌공사에서 공지하고 있으므로(2025년 8월 기준) 제도의 변경 사항을 꾸준히 살펴볼 필요가 있다.

○ **농지연금의 유형**

구분	종신형			기간형(5년/10년/15년/20년)	
	종신정액형	전후후박형	수시인출형	기간정액형	경영이양형
내용	가입자(배우자) 사망 시까지 매월 일정한 금액을 지급하는 유형	가입 초기 10년 동안은 정액형보다 더 많이, 11년 차부터는 더 적게 받는 유형	총지급 가능액의 30% 이내에서 필요 금액을 수시로 인출할 수 있는 유형	가입자가 선택한 일정 기간 동안 매월 일정한 금액을 지급받는 유형	지급 기간 종료 시, 공사에 소유권 이전을 전제로 더 많은 연금을 받는 유형

최적의 농지를 고르는 법
- 경북 농지 -

　앞에서 본 것처럼 농지연금 투자의 핵심은 감정가가 높은 토지를 저렴하게 사는 것이다. 경매를 활용해서 감정가보다 많이 유찰된 농지를 노리는 게 농지연금 투자법의 기본이다. 일반매매로 구매하는 게 불가능한 것은 아니지만 초보자는 경매로 구매하는 편이 아무래도 안전하다. 그렇다면 어떤 농지를 노리는 게 좋을까? 많이 유찰된 농지 중에는 지분 물건이거나 지목만 농지일 뿐 사실상 임야인 경우, 혹은 분묘(묘지)가 있는 등 농지연금용으로는 부적합한 경우가 많다. 결국 우리는 단점이 있어서 낙찰가(가격)가 저렴하지만, 농지연금을 위한 감정가는 높게 나올 농지를 골라야 한다. 다음 사례를 통해 농지연금용으로 좋은 농지를 고르는 방법을 설명해 보고자 한다.

○ 농지 위치

소재지: 경북

면적: 약 470평(1,553.7m²)

용도: 전

감정가: 3억 2,000만 원

구입가: 약 7,000만 원

이 토지는 부모님 농지 인근의 토지로, 경매가 아니라 일반매매로 구매했다. 위성 사진을 보면 알 수 있듯이 이 농지는 외진 산골짜기에 자리 잡고 있다. 도로에 접하긴 하지만, 해당 도로는 시멘트로 포장된 폭 2m 남짓의 좁은 길이다. 땅의 생김새도 사용하기 좋은 사각형 모양이 아니라 울퉁불퉁하다. 이러한 이유로 시장에서 수요가 별로 없었고, 이에 부모님이 싸게 매입할 수 있었다.

사실 농지를 경매나 일반매매로 구매할 때 가장 두려운 경쟁 상대는 현지 농민이다. 현지 농민은 농사의 노하우와 장비를 보유하고 있고 현지 시세도 잘 알고 있다. 그리고 매입 후 농업을 통해 수익을 얻을 수 있으므로 아무래도 다른 경쟁자들에 비해 높은 가격을 제시할 가능성이 높다. 그러니 우리는 이 사례처럼 농사를 짓고자 하는 현지 농민들은 관심을 가지지 않을 농지를 골라야 한다.

물론 일반매매로 산골짜기 농지를 싸게 산다고 해서 농지연금을 위한 감정가가 무조건 높게 책정되는 것은 아니다. 사려고 하는 농지 주변에 높은 가격으로 거래된 농지가 다수 있다거나 아니면 근래에 경매 감정가가 높게 산정된 사례가 있는 지역을 공약하는 것이 유리하다.

제방의 비중이 큰 농지를 노리자

농지연금용 농지의 세부 기준은 「농지법」을 따른다. 「농지법」 제2조 3항에는 농지로 인정하는 시설에 관한 내용이 나와 있다. 여기서 우리가 눈여겨봐야 할 부분은 '유지(웅덩이), 양·배수 시설, 수로, 농로, 제방, 비닐하우스, 농막' 등의 시설물은 농지로 인정된다는 점이다. 제방, 배수 시설 등이 전체 면적 대비 차지하는 비중이 높은 농지의 경우에는 농업의 효율 측면에서는 좋지 못한 농지가 될 수 있다. 크기에 비해 실제 경작 면적은 줄어들 것이기 때문이다. 하지만 이런 농지는 농지연금용 농지로는 최적의 농지가 되기도 한다. 많이 유찰되고 현지 농민은 입찰을 꺼리기 때문이다. 혹은 '선하지(線下地)'라 불리는 고압전선 아래에 있는 농지도 농지연금용으로는 금상첨화일 수 있다. 결론적으로 최적의 농지연금용 농지를 고르기 위해서는 '좋은 농지'와 '농지연금용 좋은 농지'는 다르다는 것을 이해해야 한다. 여러 단점으로 인해 많이 유찰되었거나 싸게 나온 매물 중 농지연금에 적합한 농지를 노리는 전략적 접근이 필요하다. 참고로 일반매매로 구매한 경북 농지는 농지연금을 받던 중 군부대로 편입되면서 보상을 받았다. 구입 가격은 약 7,000만 원이었는데 보상가는 약 2억 5,000만 원에 달했다. 이처럼 보상가가 높게 책정될 수 있었던 것도 애초에 감정가가 높게 나올 수밖에 없는 농지를 전략적으로 선택했기 때문이었다.

농지연금의 성지

감정가 대비 많이 유찰되어 농지연금에 적합한 농지는 과연 어디에 많이 분포할까? 물론 예외는 있지만 일반적으로 감정가 대비 많이 유찰되는 농지들은 주로 계획관리지역에 많다. 생산관리지역에서도 간혹 이런 농지를 만날 수 있다. 다 설명하자면 너무 길어질 수 있으므로 농지연금의 성지 유형을 요약해 표로 정리해 봤다.

○ 농지 연금의 성지 유형

유형	금액	위치
대규모 개발 지역 주변	• 산업단지(공장), 도로, 철도가 건설된 지역, 펜션이나 대규모 주택 건설 사업지 주변	• 경기도(주로 북부) 지역 - 고양, 파주, 양주, 광주, 김포 등 • 개발된 바닷가 지역 - 인천(옹진), 거제, 당진, 포항, 태안, 통영 등 • 공업지역: 김천, 천안, 아산, 함안 등
개발을 하려 던 농지	• 타운하우스, 공장, 창고 등을 신축하려던 농지 - 경기도, 강원도, 주요 관광지역 인근 - 유치권이 있거나 복구를 해야 하는 경우가 있음 - 큰 토지에서 쪼개진 토지인 경우가 많음	

도심 한가운데 뜬금 농지	• 도시 형성 과정에서 자투리로 남은 뜬금없는 농지	경기도, 주요 광역시 외곽 등
외진 농지	• 산간 지대, 화전민 농지 등	단양, 옥천, 정선 등 산간 지역
하자가 있어서 실수요 농민이 꺼리는 농지	• 여러 필지가 함께 일단의 농지로 이용 중인 경우 • 선하지, 제방의 비중이 큰 농지 등	
앞의 모든 유형이 혼합되어 있는 경우	• 산업단지 주변에 있는 선하지 등	

투자의 보루가 되는 농지연금
- 양평 농지 -

　농지연금 투자는 그 자체로도 훌륭한 투자 방식이다. 하지만 넓게 보면 토지 투자의 보루가 될 수 있다는 장점도 있다. 농지연금을 받기 위한 투자도 좋지만, 기회가 되면 매매를 통한 차익 투자를 먼저 노리고 때에 따라 농지연금을 신청할 수도 있는 것이다. 일반인들이 토지 투자를 어려워하고 두려워하는 이유 중에는 미래에 대한 불안감도 있다. 충분히 좋은 토지라고 생각해서 투자했지만 계획대로 되지 않을 때 장기간 돈이 묶이거나 손해를 보고 팔아야 할 수도 있기 때문이다.

　또 토지에 대한 충분한 확신이 있어도 막상 매수자가 나타나서 깎아 달라고 요구하면 끌려다니게 되는 경우가 많다. 그러다 보면 애초에 예상했던 기대치보다 훨씬 낮은 가격에 매매할 수밖에 없다. 그 이유는 토지의 특성상 수요가 주택 같은 주거형 물건 등에 비해 현저히 낮다 보니 지금 매수인을 놓치면 다른 매수인을 찾지 못할지도 모르는 위험이 있기 때문이다. 하지만 농지연금이 가능한 토지는 상황이 전혀 다르다. 농지연금이라는 '안전판'이 있기 때문에 가격을 낮추는 상대방에게 끌려다닐 일도, 오랫동안 방치될 걱정도 없다. 내가 농지연금용 역대 최고의 매물 중 하나로 꼽는 다음 사례를 통해 이 점을 자세히 확인해 보자.

○ 경매물건 조회 화면

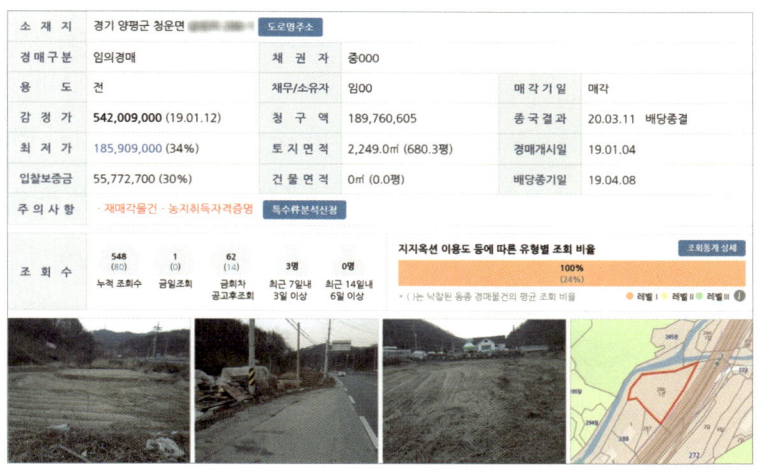

출처: 지지옥션

소재지: 경기도 양평군 청운면 삼성리

면적: 680.3평(2,249m²)

용도: 전

감정가: 5억 4,200만 9,000원

낙찰가: 2억 409만 원(37.6%)

매각 기일: 2020.01.15.

이 경매물건은 경기도 양평에 위치한 농지다. 4차선 44번 국도에 접해 있어 접근성이 뛰어났고, 도로와 곧게 맞닿아 있었으며 뒤쪽으로는 개천이 흐르고 있었다. 바로 옆에는 펜션이 있었고, 200m 거리에는 모텔이, 400m 거리에는 주유소가 있었다. 계획관리지역이었고 주변의 건물들을 보더라도 농지가 아니라 대지로 전용한 뒤 다양한 활용을 할 수 있는 땅이라는 점을 쉽게 알 수 있었다.

물론 서울양양고속도로로 인해 44번 국도를 지나 강원도로 가는 교통량은 많이 줄었다. 하지만 서울 근교인 양평의 4차선 도로를 접한 토지가 감정가(5억 4,200만 원)의 37% 수준인 2억 400만 원에 낙찰된 것은 그야말로 1년에 한 건 나올까 말까 하는 사례였다. 재매각*물건이었던 점, 입찰일이 구정을 앞둔 겨울이었던 점 등이 영향을 끼쳤던 것으로 보인다.

- 재매각(재경매)은 매수인이 대금 지급 기한까지 대금 지급을 이행하지 않는 경우 법원이 직권으로 다시 실시하는 경매를 말한다.

○ 경매물건지 위치

출처: 카카오맵

낙찰 후 계획

　낙찰자 본인이 활용해도 좋지만 그렇지 않더라도 넉넉한 프리미엄을 붙여 펜션, 창고, 주유소 등을 운영하려는 사람에게 매각을 시도할 수 있다. 급매 수준으로 팔 수도 있겠지만, 굳이 그럴 필요는 없다. 느긋하게 매수인을 기다리면 된다. 그러다 2년의 세월이 흘러도 팔리지 않는다면 그때 농지연금에 가입하면 된다. 그럼 60세 기준으로 인출금 1억 1,000만 원을 일시에 받고, 매달 약 108만 원을 수령할 수 있다. 낙찰가 2억 400만 원에서 인출금

1억 1,000만 원을 빼면 실투자금은 9,400만 원이 되고 실투자금 대비 연간 수익률은 13.7%가 된다. 물론 이렇게 투자가 마무리되어도 좋다. 하지만 계속 매각을 시도해 볼 만하다. 그럴 가치가 충분한 토지이기 때문이다. 그러다 제대로 임자를 만나면 그간 받았던 농지연금을 농어촌공사에 상환하고 매매하면 된다. 상환 시 2.5% 정도의 이자(위험부담금 포함)를 추가로 내야 하지만 애초에 이런 지출을 고려하고도 충분히 수익이 나는 가격이 아니면 팔지 않으면 그만이다.

◦ 예상 농지연금 조회 결과

구분	종신형		
	종신정액형	전후후박형 (70%)	수시인출형 (30%)
월지급금	1,527,120 (저소득층:1,679,830) (장기영농인:1,603,470)	1,853,780(전) 1,297,640(후)	1,079,820 (수시인출금:110,000,000)

내가 느긋할 수 있는 이유

o 경매물건 조회 화면

소재지	충남				
처분방식	매각	입찰방식	일반경쟁(최고가방식)	물건상태	낙찰
감정가	16,932,000 원	소유자	황	입찰시작일	2020.05.25 (10:00)
최저가	8,466,000 원	토지면적	102.0㎡ (30.9평)	입찰종료일	2020.05.27 (17:00)
보증금	846,600 (최저가의 10%)	건물면적		개찰일	2020.05.28 (11:00)
조회수	·금일 1 / 0 ·누적 50 / 0	(단순조회 / 5분이상 열람)		배분요구종기	2020.01.28
주의사항	·재매각				
		위탁기관	당진군청		
		담당부서	대전충남지역본부		
		담당자	조세정리팀		
		연락처	1588-5321		

출처: 지지옥션

　나는 2020년에 충청남도의 농지를 낙찰받았다. 약 31평에 불과한 작은 토지였다. 특히 농지로서는 활용도가 떨어지는 얇고 길쭉한 'ㄱ' 모양의 땅이었다. 나는 이 물건을 감정가의 55%인 930만 원 정도에 낙찰받았다. 돈이 될 가능성이 높다고 봤기 때문이다.

　이 농지는 시골 마을 입구 삼거리와 토지의 두 면이 접하고 있었다. 그런데 이 토지와 붙어 있는 땅 A(노란 동그라미)는 내 토지가 있으면 매우 유리한 상황이다. 내 토지를 합필하면 도로 두 면을 접하는 큰 토지가 되는 것이다. 보통 이런 토지를 구매하면 이해관계가 있는 인근 토지 소유주(A의 소유주)에게 매도하기 위해 이것저것 시도를 하게 된다. 내 토지를 무단으로 사용하는 경우

◦ **경매물건 위치**

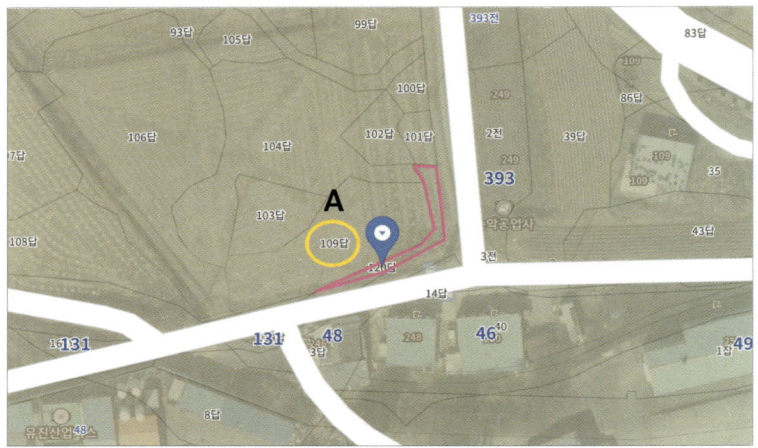

출처: 카카오맵

부당이득 반환을 청구하거나, 원활한 이용을 방해하기 위해 말뚝을 박는 방식 등을 쓰기도 한다. 하지만 난 그럴 생각이 없다. 점잖고 느긋하게 장기적 관점으로 협상을 진행하고 있다. 만약 A의 소유주가 끝내 내 토지를 살 생각이 없다면, 그냥 충분히 묵혔다가 농지연금을 신청할 것이다(물론 농업 경력 등 필요한 요건은 미리 갖춰야 한다). 해마다 오르는 공시지가와 함께 내 토지의 가치도 최소한 매년 물가 상승률 이상은 오를 것이다. 그에 따라 농지연금 수령액도 비례해서 오를 것이다. 고이율 장기 적금을 넣어둔 것과 같은 효과가 날 것이니 나로서는 아쉬울 것이 전혀 없다. 이래도 좋고 저래도 좋다. 투자의 보루가 되어 주는 농지연금이 있기 때문이다.

농지연금 최적화 전략
:저렴하게 낙찰받는 34%의 법칙

 통상 지방 농지의 최저가는 회차마다 직전 차수의 70%로 산정되며, 이에 따라 1회차는 100%, 2회차는 70%, 3회차는 49%, 4회차는 34%, 5회차는 24% 순으로 경매가 진행된다. 이때 A급 수익률이 나오는 30~40% 수준에 낙찰받기를 원할 경우, 일반인들은 보통 34%(4회차)까지 유찰된 매물에 입찰한다. 그러나 이 경우, 농지연금 신청에 별다른 하자가 없는 매물이라면, 낙찰가는 34% 근방이 아니라 40%를 훌쩍 넘는 경우가 매우 많다. 매력적인 최저가로 인해 경쟁이 치열해지기 때문이다. 시간적 여유가 많다면 수십 번 입찰해 낙찰을 노리겠지만 현실적으로는 어려움이 있다.
 이럴 때 내가 추천하는 방법은 24%(5회차)까지 떨어진 매물에 입찰하는 것이다. 단 이때의 입찰가는 직전 회차(4회차) 최저가인 34%에 근접하게 입찰하거나 필요에 따라 34%를 넘겨 입찰하길 추천한다. 이 방법은 수년간 수백 건의 농지연금 낙찰 사례를 토대로 내가 고안해 낸 가장 효율적이고 확률 높은 입찰 방법이다. 나는 이를 '34%의 법칙'이라고 부른다. 수십 명에 의해 검증된 법칙이기도 하다.

농지연금 입찰 물건 선정의 10계명

1. 경매 시 감정에 포함된 수목이 있으면 주의하자
 - 농지연금 감정 시 수목의 가치를 인정해 주지 않음

2. 초보라면 가급적 공시지가가 감정가의 45% 이상인 물건을 노리자
 - 향후 농지연금 신청 시 감정을 새로 받게 되는데, 공시지가가 높은 것이 유리할 확률이 높음

3. 최근 낙찰된 경매물건 인근의 낙찰 사례 중 비슷한 유찰 횟수를 기록한 물건의 낙찰가율을 참고하자

4. 농지취득자격증명은 미리미리 신청해 두자

5. 투자 콘셉트를 확실히 정하자
- 높은 수익률도 올리고 미래 가치도 기대할 수 있고 동시에 농업 경력을 쌓는 데도 안성맞춤인 매물은 희귀함. 다 잡으려다가는 모두 놓침. 자신의 상황에 맞게 투자 콘셉트를 확실히 정해야 함

6. 임야 주변의 매물은 혹시 있을지 모르는 분묘를 조심하자

7. 농사를 짓기 위해 복구작업이 필요한 경우 굴착기나 농기계 접근에 불편함은 없는지 살피자

8. 농사를 짓고 있는 임차인이 있는지 사전에 파악하고, 잘 협의하자

9. 임차인, 이장, 이웃 등에게 농지연금을 위해 투자했다는 사실을 알리지 말자
- 사촌이 잘되면 배가 아픈 법. 또한 인근 매물을 매수하려 할 때 경쟁자가 될 수도 있음

10. 경매물건과 사랑에 빠지지 말자
- 물건은 넘치고 넘침. 과하게 사랑에 빠지면 자칫 입찰가를 너무 높게 쓰게 되거나, 놓치고 난 뒤에 이상한 물건을 비싸게 낙찰받게 될 수도 있음

사람들이 잘 모르는 최고의 경매 앱
- 밸류쇼핑 -

요즘은 경매하기 참 좋은 시대라는 말을 자주 듣는다. 인터넷만 있는 곳이면 위성 지도와 로드뷰로 상세하게 지역을 들여다볼 수 있다. 밸류맵(valueupmap.com), 디스코(disco.re) 등을 활용하면 다양한 부동산의 실거래가를 한눈에 확인할 수도 있다. 또 호갱노노(hogangnono.com) 등을 통해 아파트의 세부 정보를 쉽게 알 수 있다. 이러한 유용한 사이트 중에서 부동산 투자, 특히 경매에 있어서 유용한 사이트(애플리케이션)가 '밸류쇼핑'이다. 의외로 밸류쇼핑을 모르거나 알아도 그 가치를 모르는 경우가 많아서 소개하고자 한다.

밸류쇼핑(valueshopping.land)은 지번 입력만으로 부동산의 시장

가격과 기본정보 그리고 가격 산정 근거를 한눈에 볼 수 있게 서비스하는 부동산 자동 가격 산정 시스템(AVM: Automated Valuation Model)이다. 부동산에 관한 기초 정보(용도지역, 면적, 이용 상황, 신축일, 기타)와 실거래 자료(경·공매 포함)를 제공한다. 이를 통해 가격 산정의 근거와 추이 변화를 쉽게 볼 수 있다.

밸류쇼핑의 첫 번째 장점은 주소만 입력하면 가격 산출 및 정보 확인이 가능하다는 점이다. 매우 직관적이고 간편하다. 전국 부동산 약 5만 건의 가격을 실거래 및 경·공매 등의 시가 자료를 반영해 새로 산정해 준다. 그리고 AI를 통해 지속적으로 시장가치에 수렴하도록 한다. 밸류쇼핑을 운영하는 ㈜감정평가법인세종에서 가격의 적정성을 계속 검증한다.

두 번째 장점은 부동산의 종류에 상관없이 추정가격을 산출해 준다는 점이다. 경매에서 중요한 것 중 하나가 시세를 파악하는 것이다. 그런데 아파트는 KB부동산 등을 통해 확인할 수 있지만 토지, 상가, 단독주택, 빌라, 임야 등은 시세 산정이 쉽지 않다. 경매 감정가만을 그대로 믿을 수도 없다. 이럴 때 밸류쇼핑을 이용하면 좋다. 물론 밸류쇼핑에서 산정해주는 가격이 100% 신뢰할 수 있는 절대적인 수치는 아니지만, 직접 임장을 다녀온 뒤 조사한 정보와 비교하거나 입찰 여부를 고민할 때 큰 도움이 된다. 또한 밸류쇼핑은 KB시세에는 나오지 않는 소규모 아파트나 오피스텔의 가격 산정을 해주기도 한다. 여러모로 참 유용하다.

밸류쇼핑은 금융위원회의 혁신 금융서비스로 지정되었고 신한

○ **268세대 규모의 동일 아파트 비교**

| 시세가 없는 KB(왼쪽), 가격이 산출된 밸류쇼핑(오른쪽)

은행과 국민은행에도 제공되고 있으니 그 공신력도 어느 정도 인정되고 있다. 그러니 투자에 적극적으로 활용해 보자.

○ **유용한 부동산 관련 앱과 사이트**

구분		
시세, 통계	토지시세, 다가구 시세조사 참고용	밸류맵
	부동산 정보·통계	한국감정원
	부동산 전반·정책 자료	국토교통부
	부동산 종합 포털	씨리얼
	아파트 매칭, 조건 검색 등	AI 부동산

정보 발행	토지·건물 정보·가격·지도	스마트 국토정보
	부동산종합증명서 서비스	일사편리
	부동산 공급량·빅데이터 기반 아파트 정보	부동산지인
	실거래가·개별공시지가	국토교통부 실거래가 공개시스템
	아파트 실거래가	아실
	토지이용규제정보 서비스	루리스
	건축물대장 발급 등	정부24
홍보 계산 등	지역 분석·신축 개발 검토·용적률 계산	랜드북
	빌라·주택·원룸	직방, 다방
	대학생 대상 원룸·쉐어하우스 홍보	에브리타임
	각종 부동산 계산	부동산계산기
	은행 대출 시	전국은행연합회
	네이버 최대 부동산 카페	부동산스터디
분석 정보	유동 인구 분석	엑스레이맵
	연도별 거리 모습 보기	네이버 로드뷰
	연도별 변화(변경 사항 확인) 보기	카카오맵, 스카이뷰
	상권 분석	소상공인365, 나이스 비즈맵, 오픈업
	창업 관련 정보·정책 자금·상권 정보 제공	소상공인24

공사	인테리어 소품 활용·시공 관련 포털	오늘의집
	인테리어 활용 팁	레몬테라스
	도배·장판 (최저가 매장 방문 가능)	하우스텝
세무, 법무	세무사 가격비교 사이트·세무 관련 정보	세무통
	법무사 수수료 비교 등	법무통

출처: 뉴스핌

'서촌의꿈'의 조언

월요일이
기다려지는 삶

    부동산 관련 책을 보면 가난을 극복하고 부자가 된 저자의 이야기가 많다. 사실 나도 가난에 대해서라면 빠지지 않는다. 우리 가족은 '영세민', 요즘 말로 하면 기초생활수급자였다. 내가 대학을 졸업하고 취업해 월급을 받기 시작하면서 비로소 영세민 신분에서 벗어났다. 괜찮은 연봉을 주는 좋은 회사였지만, 삶이 팍팍한 건 마찬가지였다. 직장 생활을 10년 가까이 했지만 서울에 전셋집을 마련할 돈은 턱없이 모자랐고, 연로하신 부모님께 용돈까지 보내드리고 나면 남는 게 별로 없었다. 그냥 직장 생활만 해서는 방법이 없다고 느껴서 선택하게 된 것이 경매였다.

    다양한 경매 투자 경험은 부동산을 보는 시야를 넓혀주었다.

그리고 경매정보사이트를 통해 여러 물건을 꾸준히 보는 것만으로 내공이 쌓이는 느낌을 받았다. 자연스럽게 경매 외에 일반매매까지 병행하게 되었고, 부동산 상승기와 맞물리며 좋은 성과를 낼 수 있었다. 하지만 회사 생활과 투자를 병행하다 보니 정작 중요한 가족을 잘 돌보지 못했다. 그래서 과감하게 아내와 동반 육아휴직을 하고 제주도로 향했다. 지금 아이들은 층간소음 걱정 없이 마음껏 뛰어놀고, 사계절 자연과 함께하는 삶을 살고 있다. 스피드 스케이팅, 승마 등 대도시에서는 꿈도 꾸기 어려웠던 취미생활도 하고 있다. 아내도 꾸준히 승마 레슨을 받아 이제는 꽤 높은 수준까지 실력을 쌓았다. 나도 낚시와 올레길 걷기를 즐기며 제주에서의 삶을 천천히, 깊이 즐기고 있다.

나는 월요일이 기다려진다. 아직 나이가 어린 아이들과 주말을 보내다 보면 육체적으로 지칠 때도 많다. 그래도 일요일 밤, 아이들을 재우고 나면 묵직한 피로보다 뿌듯한 행복감이 먼저 밀려온다. 그리고 월요일 아침, 아이들을 학교에 보내고 나면 비로소 온전히 나에게 집중할 수 있는 시간이 찾아온다. 그 시간이 정말 기다려진다. 계획적으로 무언가를 열심히 할 때도 있고, 빈둥거리기도 한다. 가끔 풍경 좋은 올레길을 걷다 끌리는 식당에 가서 밥을 먹기도 한다. 이러한 삶을 살 수 있는 이유는 바로 경매 투자를 통해 적지 않은 돈을 벌었기 때문이다. 경매가 내 인생을 훨씬 더 윤택하게 바꾸고 있다.

저녁이 있는 삶, 선택하는 삶, 월요일이 기다려지는 삶 등 당신이 원하는 삶의 형태가 무엇이든, 그 앞을 가로막는 게 경제적인 문제라면 나는 경매를 꾸준히 해보라고 권하고 싶다.

7장

주택연금과
경매의 시너지

앞서 농지연금에서 보았듯이 경매와 국가 제도의 결합은 엄청난 시너지를 만든다. 주택연금도 마찬가지다. 경매를 활용하면 그 효율을 극대화할 수 있다.

다양한 부동산 투자 기법이 넘쳐나는 시대지만, 고령화 사회로 접어든 지금 가장 중요하게 생각해야 하는 것 중 하나가 '안정적인 현금흐름'이다. 주택연금과 시세보다 저렴하게 매입할 수 있는 경매를 결합하면, 수익성과 안정성을 모두 갖춘 새로운 투자 모델이 완성된다. 지금부터 경매 낙찰 후 주택연금 가입을 통해 자산가치 상승과 노후 현금흐름 확보라는 두 마리 토끼를 잡는 실전 전략을 소개하고자 한다.

안정적인 노후 준비와 높은 수익을 동시에 원하는 이들에게 실현 가능한 '신의 한 수'가 될 것이다.

평생 살면서 연금도 받는 주택 연금
- 개요 및 경매 전략 -

　최근 주택연금에 관한 관심이 높아지고 있다. 주택연금은 집값의 변동과 관계없이 거주를 유지하면서 동시에 노후를 대비할 수 있다는 뚜렷한 장점이 있다. 100세 시대를 맞아 일반인들의 관심도 점점 커지고 있다. 특히 자산 구성에서 부동산, 특히 주택의 비중이 큰 우리나라의 현실을 고려할 때, 주택연금은 장기적으로 중요한 노후 대비 수단으로 자리 잡을 가능성이 크다.
　주택연금이란 주택 소유자가 집을 담보로 제공하고, 내 집에 계속 살면서 평생 매월 연금을 받을 수 있도록 국가가 보증하는 제도다. 부부 중 한 명이라도 만 55세 이상이고, 공시가격 12억 원 이하의 주택 또는 주거 용도의 오피스텔을 소유하고 있으면 신청

주택연금의 개요

가입요건	부부 중 한 명이 55세 이상이고 부부 합산 공시가격 12억 원 이하 주택을 소유한 사람
초기 보증료	주택 가격의 1.5%[대출 상환(우대)방식의 경우 1.0%]를 최초 연금 지급일에 납부
보증 기한	연금 지급 기한(본인 또는 배우자 사망 때까지)

할 수 있다. 기본적으로 1주택자를 위한 것이지만 다주택자인 경우에도 부부 소유 주택의 공시지가를 합산한 가격이 12억 원 이하면 신청할 수 있다. 거주 요건도 있는데, 기본적으로는 주택연금 가입주택 가입자 또는 배우자가 실제 거주지(주민등록 전입)로 이용하고 있어야 한다. 연금 지급액은 주택연금 가입 시의 소유 주택 가격과 가입 시점의 나이에 따라 결정된다. 주택의 가격은 아파트의 경우 한국부동산원 시세, KB 국민은행 시세를 차례대로 적용하고, 아파트 이외에 인터넷 시세가 없는 주택과 오피스텔은 감정기관의 감정평가를 통한 시세가 적용된다. 가입자의 나이 기준은 부부 중 나이가 젊은 연소자 나이로 한다. 주택연금 월 지급금은 주택 가격이 동일하다면 나이가 많을수록 많아지게 되고, 나이가 적을수록 줄어들게 된다.

주택연금은 수령 방식에 따라 3가지로 나뉜다. 일반 주택연금, 우대형 주택연금, 주택담보대출 상환용 주택연금이 그것이다. 일반 주택연금은 노후 생활 자금을 평생 매월 연금으로 받는 가장 평범한 방식이다. 우대형 주택연금은 기초연금 수급권자일 경우 일반 주택연금 대비 최대 20% 더 받는 방식이다. 주택담보대출 상환용 주택연금은 인출한도(대출 한도의 50~90%) 범위 안에서 일시에 목돈으로 찾아 주택담보대출을 상환하고 나머지는 평생 매월 연금으로 받는 방식이다. 2025년 4월부터 제도가 개선되어 만약 본인이나 배우자가 소상공인이라면 소상공인대출 상환도 가능하다.

주택연금 제도의 긍정적 변화와 활용

최근 몇 년간 정부는 주택연금 제도를 개선해 왔다. 60세였던 신청 가능 나이를 55세로 낮추었고 공시가격 9억 원 이하였던 주택의 기준을 12억 원 이하로 상향했다. 공적 연금제도의 큰 축인 국민연금이 재정적인 문제로 축소, 악화하는 와중에 상대적으로 정부의 부담이 덜 한 주택연금은 수령권자에게 유리한 방향으로 개선되고 있다. 따라서 이러한 긍정적 변화의 틈을 잘 공략해 튼튼한 노후 대비 혹은 안정적인 재테크 수단으로 활용할 필요가 있다. 주택연금을 재테크 수단으로 적극 활용하기 위해서는 주택을 싸게 사는 게 필요하다. 예를 들어 3억 원의 집을 1억 원에 사게 되더라도 실제 받는 주택연금 월 지급금은 3억 원을 기준으로 하므로 매우 높은 수익률을 기록할 수 있다.

다시 말하자면, 주택연금 재테크의 핵심은 주택을 저렴하게 구매하는 거다. 예를 들어 대단지 아파트의 경우 동별로 가격 차이가 나는 경우가 있는데, 한국부동산원의 시세는 동별 차이까지는 고려하지 않기 때문에 주택연금용으로는 비선호 동의 아파트가 더 유리할 수 있다. 만약 비선호 동 아파트를 경매로 더욱 저렴하게 구매한다면 연금의 효율은 더욱 높아지게 된다.

적은 투자 금액으로 많은 주택연금을 받으려면 아파트보다는 빌라나 단독주택 경매를 노리는 게 유리하다. 한국감정원이나 KB국민은행 시세가 있는 아파트의 경우 상태에 따라 다르긴 하지만 대체로 감정가의 80% 이하로 낙찰받기가 쉽지 않다. 반면에 빌라나 단독주택은 일반 아파트보다 훨씬 낮은 낙찰가율로 낙찰을 받는 게 가능하다. 따라서 주택연금 재테크 효율을 위해서는 빌라나 단독주택 경매를 노리는 게 압도적으로 유리하다. 물론 주택연금 신청 후 먼 미래의 가격 상승분까지 생각하면 자산으로서의 가치가 더 높은 아파트가 나을 수도 있다. 하지만 주택연금을 받는 도중 가격이 올랐다고 해서 연금을 즉시 인상해주는 것은 아니므로, 이 책에서는 연금을 받는 도중 가격이 상승하는 부분은 배제하고 투자금 대비 연금액을 높이는 부분에 집중하고자 한다.

경매로 하는 주택연금 재테크
- 양평 전원주택 등 -

주택연금용으로 훌륭했던 낙찰 사례들

1. 경북의 시골 빌라

어느 날 사촌에게서 연락이 왔다. 현재 어머니(나에게는 이모)가 살고 있는 집이 너무 낡아 이사나 신축을 고민하고 있는데, 저렴하면서도 괜찮은 집을 알아봐 달라는 내용이었다. 나는 새로 집을 짓는 것보다는 기존 주택을 경매로 싸게 구입한 뒤 주택연금을 신청해 이모의 노후 자금으로 사용하는 것은 어떻겠냐고 권했다. 이모의 경제 사정이 그리 여유롭지 않다는 것을 알고 있었기 때문이다. 그러던 중 딱 맞는 물건을 발견했다.

○ **경매물건 조회 화면**

소 재 지	경북 예천군 ▨▨▨ ▨▨▨ ▨▨ ▨▨▨ ▨▨ ▨▨ ▨▨▨ (36827) 경북 예천군 ▨▨ ▨▨▨				
경매구분	임의경매	채 권 자	용0000		
용 도	다세대	채무/소유자	홍00	매각기일	매각
감 정 가	151,000,000 (19.05.17)	청 구 액	168,126,754	종국결과	20.08.20 배당종결
최 저 가	51,793,000 (34%)	토지면적	60.1㎡ (18.2평)	경매개시일	19.05.16
입찰보증금	5,179,300 (10%)	건물면적	72㎡ (21.8평)	배당종기일	19.07.29

출처: 지지옥션

 이모가 평생을 거주한 시골 마을과 가까운 곳에 신축 빌라가 경매에 나왔는데 유찰을 거듭해 49% 수준까지 떨어졌고 최종적으로 50% 수준으로 낙찰되었다. 이 빌라는 내·외관이 깔끔하고 버스정류장과도 가까워 노인들이 이용하기 적합해 보였다.

 만약 이 물건을 50%에 낙찰을 받은 후 얼마 뒤에 주택연금을 신청하면 어떻게 될까? 경매 감정가와 비슷한 수준으로 주택 가격이 매겨진다는 전제하에 보면 다음과 같은 예상 연금이 나오게 된다. 만 60세를 기준으로 감정가인 1억 5,000만 원을 주택 가격으로 보면 예상 월 지급금은, 평생 동일한 금액을 받는 정액형을 기준으로, 매월 약 30만 원이다. 낙찰가가 7,400만 원이므로 약 5%의 연간 수익률이 나오게 된다. 얼핏 생각하면 5%라는 수익률이 낮게 느껴질 수도 있다. 하지만 낙찰받은 주택에 직접 거주하면서 받는 금액이라는 점을 생각해야 한다. 주거비를 아끼면서 추가로 월 30만 원을 받게 되므로 결코 낮은 금액이 아니다. 이 정도 주택에 월세나 전세로 살 경우 들어가는 비용을 고려하면 높은 수익률이다. 대략 60세부터 주택연금을 받다가 85세에 사망한다고 가정하면 약 9,200만 원을 받게 되는 것이다. 낙찰가보다 약 1,800만 원 정도 더 받게 된다.

이모가 단독주택을 원해 입찰 직전에 포기하긴 했지만, 이런 물건을 낙찰받아 주택연금을 받으면 노후 대비에 더할 나위 없이 좋다. 사실 시골의 신축 빌라를 그냥 사서 노후를 보내게 되면 사망 후에 매도가 어려울 수 있다. 그런데 주택연금용 주택은 사후에 국가가 처리하는 형태이므로 사망 후 처리를 고민할 필요가 없다. 무엇보다 한정된 자금으로 주거의 질도 높이고 노후 자금까지 챙길 수 있는 장점이 있다.

2. 경기도 양평의 단독주택

시골집 외에도 서울과 가까워 인기가 많은 경기도 양평이나 가평 근처 단독주택으로도 이러한 재테크가 가능하다.

2022년 7월에 52% 수준으로 낙찰된 경기도 양평의 단독주택 사례를 보자. 이 단독주택은 토지 면적이 300평에 이르고 잔디마당과 큰 나무들이 있어 조경이 잘 되어 있었다. 노후에 이런 주택에 살고 싶은 로망을 가진 사람이 정말 많다. 하지만 이런 집에

○ **경매물건 조회 화면**

소 재 지	경기 양평군 ▒▒▒▒ ▒▒▒▒▒ ▒▒▒ ▒▒ ▒ ▒▒▒▒			
	(12506)경기 양평군			
경매구분	강제경매	채 권 자	이00	
용 도	주택	채무/소유자	이00	
감 정 가	704,981,280 (21.09.10)	청 구 액	432,498,630	종 국 결 과	22.09.06 배당종결
최 저 가	345,441,000 (49%)	토지면적	992㎡ (300.1평)	경매개시일	21.08.31
입찰보증금	34,544,100 (10%)	건물면적	199㎡ (60.1평)	배당종기일	21.12.06
주의사항	· 일부맹지			

출처: 지지옥션

서 노후를 보내려면 감정가 기준으로 7억 원이나 되는 돈이 필요하다. 생활비는 별도로, 오로지 집에 거주하는 데 드는 비용이 7억 원이다. 하지만 주택연금 제도를 이용한다면 어떻게 될까?

경매 감정가를 주택 시세로 보면, 만 60세를 기준으로 매월 약 141만 원의 주택연금을 죽을 때까지 받게 된다. 낙찰가가 3억 6,500만 원이므로 연간 수익률로 보면 약 4.6%에 이른다. 한정된 노후 자금으로 자신이 원하던 전원 생활을 누리면서 월 지급금까지 받을 수 있게 되니 이보다 좋을 수 없다. 무엇보다 3억 6,500만 원으로 7억 원이 있어야 받을 수 있는 수준의 월 지급금을 받게 되는 것이다. 매우 영리하고 효율적인 노후 대비가 될 수 있다.

3. 평택시의 다세대 주택

읍·면 단위의 시골이나 전원주택뿐 아니라 수도권의 다세대 주택으로도 주택연금 재테크가 가능하다.

○ 경매물건 조회 화면

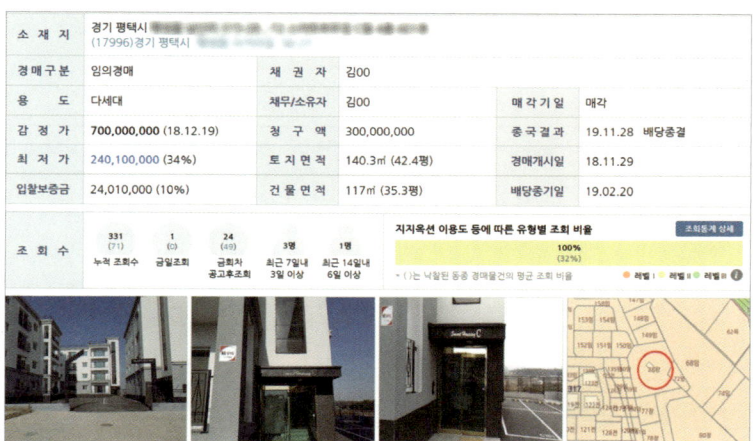

출처: 지지옥션

2019년 9월에 감정가 대비 37% 수준으로 낙찰된 평택의 신축 다세대 주택 사례다. 이 주택은 평택 미군기지에서 직선거리로 1km 떨어진 곳에 있다. 미군을 상대로 한 임대주택으로 사용하다가 추후에 입주해서 주택연금을 신청하는 전략을 생각해 볼 수 있다.

이 주택의 감정가인 7억 원을 기준으로 보면 만 60세를 기준으로 월 140만 원을 지급금으로 받게 된다. 낙찰가가 2억 6,000만 원이므로 투자금 대비 연간 수익률은 6.5%에 이른다. 낙찰 후 몇 년간 미군을 상대로 임대를 하면서 높은 월세를 받다가 이후에 주택연금을 신청하는 전략을 쓰면 투자금을 많이 회수할 수 있으므로, 실제 투자금 대비 수익률은 더욱 높아진다.

○ **한국주택금융공사의 예상연금조회 화면**

연령	기간(년)	정액형	초기증액형 (3년)	초기증액형 (5년)	초기증액형 (7년)	초기증액형 (10년)	정기증가형
60	1	1,402,130	1,866,470	1,795,450	1,736,320	1,664,670	1,163,440

| 만 60세, 시세 7억 원 기준

감정가의 변수

물론 경매 감정가와 나중에 주택연금을 신청할 때의 감정가가 동일하리라는 보장은 없다. 특히 주택 시세가 전반적으로 하락세인 지역에서는 경매 감정가보다 주택연금 신청 시 감정가가 낮아지는 경우도 있다. 이런 경우에는 낙찰받은 주택을 2~3년 정도 임대하는 방법도 있다. 일시적인 폭락 장세가 회복될 때까지 시간을 벌 수 있기 때문이다.

다음의 제주 고급 단독주택의 사례가 그에 해당한다. 이 고급 단독주택은 타운하우스 내에 있는 여러 채의 주택 중 하나였다.

2020년에 7억 3,000만 원에 낙찰되었는데, 감정가 11억 6,000만 원 대비 63% 수준이었다. 2020년 당시 이 지역에 고급 주택과 아파트들이 수요보다 과도하게 공급되면서 시세가 많이 떨어졌다. 하지만 불과 2년 뒤인 2022년에는 상황이 달라졌다. 구조나 평형이 똑같은 타운하우스 내에 다른 호수가 경매에 나와 12억 원에 낙찰이 되었을 뿐만 아니라 일반매매 및 전세 시세도 크게 올랐다. 2년 정도의 시간이 흐른 뒤 이전 낙찰가보다 4억 7,000만 원이 오른 높은 가격에 낙찰된 것이다.

경기도 양평, 가평, 용인 그리고 제주 등 전원생활을 꿈꾸는 이들에게 인기 있는 지역일수록, 과다 공급에 따른 일시적 시세 하락으로 저렴하게 낙찰받을 수 있는 기회가 종종 생긴다. 한꺼번에 여러 채가 경매에 나오는 경우도 드물지 않다. 주택연금용으로는

○ 2020년 낙찰사례

○ 2022년 낙찰사례

이런 물건들이 기회가 될 수 있다. 일시적으로 시세가 하락하더라도 일정 기간 이후에 매물들이 어느 정도 정리되면 시세가 회복되는 경우가 많다. 최근 원자재 가격과 인건비의 인상 등으로 인해 건축비가 크게 상승했다. 그런데 경매물건 중에는 새로 주택을 건설하는 데 필요한 최소 비용보다도 저렴한 가격에 낙찰되는 주택이 자주 보인다. 이런 물건은 낙찰 후 시세차익을 노리는 것도 가능하지만, 주택연금용으로 활용하기에도 매우 유리하다.

'서촌의꿈'의 조언

함께하는 것이
가장 중요하다

　앞서 밝힌 것처럼 내가 경매를 처음 접한 것은 2004년이었다. 하지만 금방 포기하고 말았다. 지금 돌이켜 보면 그때 경매에 관심이 있는 동료나 조언을 해줄 수 있는 경험자가 곁에 있었더라면 얼마나 좋았을까 하는 생각이 든다. 그랬다면 외롭지 않게 경매를 꾸준히 이어 갈 수 있었겠다는 아쉬움이 남는다.

　나의 수강생 중에 정말로 모범적인 투자를 하는 분이 있었다. 이분은 연속으로 몇 건의 농지를 낙찰받아 훌륭하게 가꿨다. 특히 조경업체 대표인 장점을 살려 낙찰받은 농지에 조경수를 심는 등 높은 수익을 낼 수 있도록 준비했다. 이분의 열정과 실행력은 같은 수업을 들은 동기들에게 큰 자극이 되었다. 여러 명의 수강생이 이분의 농지를 직접 방문해 다양한 조언을 듣는 등 별도 모임을 갖기도 했다. 이러한 모임이 큰 자극이 되었는지 이후 다수의 수강생이 농지를 낙찰받거나 농지연금을 받기 위해 농업 경력을 쌓는 데 적극적으로 나서게 되었다.

꼭 경매 관련 강의가 아니더라도 좋다. 온라인 카페나 무료특강, 각종 SNS를 뒤져서 자신에게 자극이 되는 동료를 찾는 것도 투자에 큰 도움이 된다. 동료가 생기면 치명적인 실수를 할 확률도 줄일 수 있다. 꼭 직접 만나서 교류하지 않더라도 비슷한 목적을 가진 사람의 후기를 보는 것만으로도 큰 자극제가 될 수 있다.

○ 모임사진과 단톡방 캡쳐

에필로그

<u>한 가지에 집중하자</u>

"우리가 목표 달성을 힘겨워하는 이유는 장애물 때문이 아니라
덜 중요한 목표 쪽으로 훤히 뚫린 다른 길 때문이다."
- 로버트 브롤트(저널리스트)

난 주식을 잘 모른다. 사회 초년생 시절, 아무것도 모른 채 잠깐 해본 게 전부다. 가상화폐(코인)에는 관심을 가져 본 적도 없다. 재테크 분야에서는 경매에 가장 집중하고 있다. 일반매매를 통해서도 성과가 나쁘지는 않았지만 한정된 자본과 시간으로 투자하기에는 경매만 한 것이 없다고 생각한다. 일반매매에는 정보의 비대칭성이 존재한다. 매도인이나 공인중개사는 아는 내용을 매수인

은 모를 수도 있다. 하지만 경매는 모든 정보가 공개되어 있고 동일하게 제공된다. 결국, 경매는 입찰자 개개인의 내공, 현장 조사 등을 통해 확인한 추가 정보의 차이, 그리고 입찰가를 얼마로 하느냐로 승부가 갈린다. 너무나 투명하고 매력적이면서도 치열한 공개 경쟁이 펼쳐지는 것이다.

돈을 벌고 싶다면 경매 한 가지에 집중하라고 말하고 싶다. 우리의 시간과 자원은 한정되어 있는데 이것저것 벌이다 보면 결국 아무것도 제대로 하지 못한다. 두 마리 토끼를 쫓다 보면 둘 다 놓치게 된다. 하루 혹은 일주일에 얼마간이라도 경매물건을 검색하고 낙찰 사례를 공부하는 시간을 반드시 확보해야 한다. 책을 보는 시간도 좋다. 다만 가장 집중도가 높은 시간에 해야 한다. 그리고 무엇보다 꾸준히 하자. 초반에는 힘들 수 있다. 아무리 봐도 돈되는 물건이 보이지 않을 수도 있고, 입찰에서 자주 패찰하거나 간신히 낙찰받은 물건으로 수익은커녕 최악의 경우 손해를 볼 수도 있다. 그러나 좌절하지 말자. 그러한 경험이 당신의 내공을 키워줄 것이다.

경매 한 가지에 집중하기로 했다면 그 길을 뚜벅뚜벅 걸어가 보라고 말하고 싶다. 그리고 조급해할 필요는 전혀 없다. 경매는 얼마나 많은 건을 낙찰받았느냐로 승패가 갈리는 것이 아니다. 10건으로 수익을 내더라도, 11번째 건으로 그간의 수익을 모두 날릴 수도 있다. 수십 번 패찰한 뒤 낙찰된 단 한 건으로 대박을 낼 수도 있다. 그리고 그 한 건을 수익 모델로 발전시키면 꾸준한 수익을 얻을 수도 있다.

　당장 돈 되는 물건이 보이지 않는다면 보일 때까지 꾸준히 공부하고 많은 경매물건을 보자. 그리고 성공 사례를 익히자. 물건은 보이는데 종잣돈이 부족하다면 종잣돈을 더 모으자. 그렇게 경매 하나에 집중하다 보면 당신에게 성공의 열쇠가 되어 줄 '한 건'을 반드시 만나게 될 것이다.

읽고 바로 써먹는 부동산 경매 족보

초판 1쇄 발행 2025년 9월 25일

지은이 신동영(서촌의꿈)
브랜드 경이로움
출판 총괄 안대현
책임편집 전다온
편집 김효주, 심보경, 정은솔, 이수빈, 이제호
마케팅 김윤성
표지디자인 지완
본문디자인 김혜림

발행인 김의현
발행처 (주)사이다경제
출판등록 제2021-000224호(2021년 7월 8일)
주소 서울특별시 강남구 테헤란로33길 13-3, 7층(역삼동)
홈페이지 cidermics.com
이메일 gyeongiloumbooks@gmail.com (출간 문의)
전화 02-2088-1804   **팩스** 02-2088-5813
종이 다올페이퍼   **인쇄** 재영피앤비
ISBN 979-11-94508-50-2 (03320)

- 책값은 뒤표지에 있습니다.
- 잘못된 책이나 파손된 책은 구입하신 서점에서 교환해드립니다.
- 이 책은 저작권법에 의하여 보호를 받는 저작물이므로 무단 전재와 복제를 금합니다.